# 若者が働くとき

「使い捨てられ」も「燃えつき」もせず

熊沢 誠

*Kumazawa Makoto*

ミネルヴァ書房

# はしがき

いま若者たちをとりまく労働の状況はきびしい。安定した企業に就職することはそれほど容易ではなく、たとえ正社員に採用されても、そこで働き続けてゆくにはかなりの体力と気力を求められる。学校を卒業する若者たちはそれゆえ、雇用形態や業種や仕事内容に関する希望はともかくとして「とりあえず」働きはじめるけれども、容赦なく使い捨てられたり、過重な仕事ノルマの要請への過剰適応のあげく燃えつきたりして、ほどなく転職・離職を余儀なくされる――そんな事例がきわめて多いように思われる。

なぜそうなるのか。若者を経済的に自立させるような継続的な就業がむつかしいことの及ぼす社会的な影響はどのように深刻なのか。この状況を若者たち自身の手で変えてみようと考えるならば、その営みはどのような方向に模索されるべきか。

本書は、このような問題群をめぐる、一人の労働研究者による懸命の考察のこころみである。若者たち自身こそ今こんなことに気づいてほしいという願いをこめた、いわば「気づきへの促し」ということができる。しかし、むろん本書は、当の若者たちばかりでなく、若者たちに寄り添う教員や家族たち、そして若者労働問題のゆくえにある影響力をもつ人びとによって繙かれる幸せにも恵まれたい。

若者の就業や仕事のことを扱う書物は今ではほんとうに数多い。そんな「参入障壁」の高い分野に、このテーマに関してそれほど研究蓄積をもたない私があえて一書を加えたいと思ったことには、もちろんそれなりの理由がある。

ひとつは、若者労働についての従来の言説に対する一定の不満である。多くの書物は、状況の背景論としては、高い離職率をもたらしている、若者が実際に働いている職場における企業のきびしい要請の考察を軽視し、その系論として若者労働の問題領域から、なお若年労働者の多数を占める働きすぎの正社員を除外し、「問題」とする階層を「フリーター・ニート」に絞り込みすぎる傾向があるかにみえる。また、その自然な結果として、若者労働問題への対処については、労働力需要の質と量の改善をめぐる働く人びと自身の発言力を問うという労使関係論の視点がまったくなく、あたかもフリーターを常用雇用または正社員にさせればよいと考えられているようにさえ感じられる。けれども、日本の労使関係について研究を重ねてきた眼から現代の企業社会を忌憚なく診断すれば、働きすぎて燃えつきる正社員の明日は、使い捨てられるフリーターであり、そのフリーターの明日は、その被差別的な処遇の体験に倦んだニートなのだ。逆にフリーターやニートは、そのつなぎの職場において仕事の重圧から生気を喪った正社員の姿を垣間みて、正社員になんかなりたくないと感じてもいる。

要するに正社員、フリーター、ニートは今日、相互に無関係ではない地続きの存在ということができる。この構造を、すべての若者が働き続けてゆける構造にわずかでも近づけるためには、それゆえ、どの雇用形態でも働く人びとがそれなりに労働条件を改善できるような発言の仕組みを獲得すること、すなわち既存の労使関係の再構築が不可欠であろう。若者たちにとっても、離職だけが状況改善の唯一の方途であってはならない……。本書にもしいくらかは独自的な特徴が認められるとすれば、それは現時点における労働環境の決定ルールの帰趨を問うような労働研究の視点である。

いまひとつ、私事ながら、本書の刊行とほぼ時を同じくして私は四〇年にわたって勤務した私立大学を退職する。講義やゼミなどで語ってきたことは、思えばほとんど本書4章で述べるような「職業教育総論」にほかならなかったけれども、私は在職最期の年にもういちど、三年の初秋には黒のリクルートスーツに身を固めて「コミュニケーション力」の研修に赴くまじめな学生と、ナウなファッションのままでいてどうしてもキャンパス離れしてゆくフリーター「志望」の学生の双方に、就業に関するメッセージをまとめて伝えたい気になったものだ。もう少しゆっくりと構えて労働史研究に取り組もうとしていたプランを変えて、二〇〇五年春に急遽、こうした著書の出版を企画する書店編集者のお誘いに応じたのもそんな思いからである。

本書には「初出」論稿がまったくないわけではない。1～3章は研究会「職場の人権」で二〇〇三年に、4章は全国進路指導研究会で二〇〇一年に行った講演の記録にもとづき、補章は雑誌『自然と人間』掲載の文章（二〇〇五年）によっている。しかし補章を除けば、すべては原型を留めぬまでに加筆・修正され、資料も更新されていて、もともと「初出」のない序章、終章とともに、全文はまず書き下ろしということができる。というのも、今回はとくに、執筆に入ってからも、テーマの今日性ゆえに参照すべき新たな資料の入手が絶え間なくあって、以前の発言では鮮度が疑わしいのでは？という思いにつねにとらわれたからである。

こうして本書ではインプットからアウトプットまでの期間がきわめて短くなり、参照文献もごく近年のものに偏っている。一方、これはこの分野に関する私の研究経験の不足を告白することでもあって、率直に言って、先行研究の検討はきわめて不十分だと思う。また、従来の私の関心の偏りに制約されもして、本書ではニートという存在の立ち入った考察、雇用労働以外の働き方、たとえばNPO、ヴォランティア、起業などの位置づけ、それに若者就業支援の国際比較的な検討などが行われていないという反省も心に兆す。全体としての若者問題の解明という点では、労使関係研究・労働研究の限界が痛感されるところである。

本書の成立にあたってはまことに多くの人びとに負っている。はじめに、勤務した大学の卒業生たち、とりわけ歴代のゼミナール卒業生たちに感謝する。彼ら、彼女らから卒業の前後に、仕事についてのさまざまの思い、職場の実態、そこでの体験から選ぶことを余儀なくされたコースなどについての率直な語りを聴くことがなければ、私はなにも書くことができなかっただろう。「使い捨てられるな、燃えつきるな」という本書のメッセージの対象として心に浮かぶのは、誰よりも彼ら、彼女らである。

それから、二〇〇三年の頃から「若者労働」をシリーズ研究のテーマとして例会を重ねてきた研究会「職場の人権」の運営スタッフたち、なかんずく会誌『職場の人権』のために例会の詳細な記録をつくるという地味な作業に携わってきた方々にありがとうと伝えたい。本書のアイデアはすぐれて、労働のありようを凝視しようとする人びとが職業、性、世代を超えて集う、この研究会での報告、討論、会誌掲載の記録を源としているからだ。最後に、出版事情まことに困難な折、上の会誌に眼を通した上で出版を提案して下さったミネルヴァ書房の後藤郁夫氏にあつくお礼を申し上げる。

二〇〇五年厳冬

熊沢　誠

# 目次

# 序章　若者の労働をめぐって

若者たちの多くは、仕事というものを、みずからを経済的にも精神的にも自立させる継続的な営みとして考えはじめると、とても大きな不安にとらわれ、それゆえ「先のことは気にしない」ようにして、あえて「プラス志向」で楽しげに日々を過ごしている……。私たちは今、おそらくこの半世紀のなかではじめて、新しい世代が働くことに関してそんな状況にある時代を迎えている。

けれども、このことは若い世代が「とりあえず」就いた仕事の場で放埒であることを決して意味するわけではない。若者たちはたいてい、学生時代のアルバイト職場でも学業を顧みないほど熱心に働き、就職後は企業からのシビアな要請に過剰なほど適応しようとしている。総じて若者たちの働きぶりは真摯であり、今の仕事や職場にたいする評価は甘すぎるほどに肯定的だ。最近では数多い若者労働に関する書物や報告書のなかにも、労働現場での彼ら、彼女らのいいかげんさを伝える情報は少ないだろう。にもかかわらず、多くの若者たちが、この仕事でならがんばれるという意欲や、この職場でならやってゆけるという展望をなかなかもてないでいるということは、やはり否定できないように思われる。

## 失業者、フリーター、ニート

若者たちが意欲と展望をもって就業できないことには、もちろん十分の背景がある。このささやかな書物のテーマのひとつはその背景の解明にほかならないけれども、この序章は若者労働の概況と私の問題意識を述べるに留め、すべてにわたるくわしい実証や分析を後の1章以下に譲っている。それでも、若い世代の職業生活をめぐる不安定さを如実に示すような労働市場での三つの存在形態（ありよう）が傾向的に増加しつつあることだけは、さしあたり指摘しておかねばならないだろう。それに、この三つのありようは、いま大企業の労働現場で正社員として働いている若者にさえ、あるいは「明日の自分」かもしれないと感じさせるまでに身近な存在なのである。

まず、若年層では失業者が多く失業率が高い。完全失業者数は二〇〇四年、広義の若者、一五～三四歳の男女計で一四八万人、全失業者の四七％に及ぶ。完全失業率はといえば、年齢平均で四・七％なのに、一五～二九歳層では一二％弱である。若者の失業率は、近年では全体として四～五％台にはりついている年齢平均水準の二倍をはるかに超えているのだ。ちなみに一四年前の一九九〇年には、同年齢層の失業率はせいぜい六・六％であった（厚労省、二〇〇五年①）。

完全失業者とは、定義上、調査期間中に①まったく就業しなかった、②仕事があればすぐに就業できる、③いま求職活動をしている人びとのことを意味する。だから、一四八万人の完全失業者は、きわめて不安定な就業状態にあって、両親のいう「まともな仕事」を望みながらも「とりあえず」つなぎに働いている若者や、なんらかの事情から求職活動をしていない無業の若者をふくんではいない。しかし、今日の若者労働のはらむ問題は、完全失業者にもまして、この二群の若者たちについてより深刻であろう。近年の若者労働に関する研究や調査は、この点に注目する。二群の若者のうち、前者は「フリーター」、後者は「ニート」とよばれている。

フリーターの定義は各省庁によっていくらか異なる。『平成一四年版 国民生活白書』では、学生と主婦を除く一五歳〜三四歳の若年層で、パートタイマー、アルバイト、派遣労働者、および「働く意志のある無職の人」とされている。これによれば実数はすでに二〇〇一年、四一七万人であった。一九九〇年とくらべれば約二・三倍の増加である。一方、厚生労働省の『労働経済白書』は、その平成一四年版から、フリーターとは一五歳〜三四歳の学校卒業者（女性については未婚者）で、現在就業している者については、勤め先での呼称が「アルバイト」または「パート」の人、現在無業の者については、通学も家事もしておらず「アルバイト、パートの仕事を希望する」人である。その数は二〇〇三年時点で二一七万人。この一〇年でやはり二倍に増えたという（労働政策研究・研修機構――以下ＪＩＬ－ＰＴと略――二〇〇五年①／小杉編二〇〇五年）。ふたつの数的把握は、派遣労働者をふくむかどうか、就業希望者を非正規雇用を希望する者に限るかどうかで大きく異なる。両者はとはいえ、いま不安定雇用にある若者、なんらかのかたちでの就業を希望しながらも今は働いていない若者をフリーターとみなすという点では同じだ。その数の急増についても認識は一致している。

他方、もう一群の若者たち、最近とみに注目されるところとなったニート（Not in Education, Employment, or Training の略）とは、「一五歳～三四歳の未婚の若者で、仕事も通学もしていない無業者」のことである。『二〇〇四年版 労働経済白書』は、フリーター二一七万人とともに、このニートを五二万人と把握する。両者を併せると、この世代全体の約八％にあたるという。二〇〇五年に入ってからは、内閣府委託の研究会が、『平成一四年 就業構造基本調査』を再集計し、上の厚労省白書の推計に「家事手伝い」も加えて、ニートの二〇〇二年現勢を約八五万人と報告している。うち、求職活動はしていないとはいえ就業を希望している人は約四三万人、就業を希望していない人は四二万人であった。この試算によれば、九二年から〇二年にかけてニートは二七％、一八万人の増加をみている（『日本経済新聞』二〇〇五年三月二三日）。

ここ一〇年から一五年の間、若者たちのなかで完全失業者、フリーター、そしてニートは総じて増加の傾向にある。この三者の間には連動の関係もあり、三者の境界はそれほど固定的ではない。さらに、さしあたりは安定的な正規雇用者と三者の間もきっぱりと切れているわけではない。正社員も転職すれば、次の雇用を得るまで完全失業者になる。精鋭会社員が過重労働の末に「燃えつきて」、完全失業者を経ずにフリーターやニートになることもある。フリーターは、不安定雇用のくりかえしに倦んでニートの立場にうずくまるかもしれない。

もちろんニートがフリーターに、フリーターが正社員になろうと浮上、再浮上する場合があるかもしれない。けれども、四者または三者の間の移動の流れは、どちらかといえば「下降」のほうが支配的であろう。たとえば二〇〇四年の『雇用管理調査』によれば、正社員採用にあたって、フリーター体験を「プラスに評価する」会社は三・六％に留まり、「マイナスに評価する」会社が三〇・三％に及ぶ（厚労省、二〇〇五年②）ことは、少なくともその傍証となる。ニート、フリーター、完全失業者の累積はこうして、若者たちの一部に限られる「負け組」の形態というよりは、若者たちのすべてに無縁ではない、きびしい労働市場環境の総括的な表象ということができる。

## フリーターとニートへのルート

若者労働の不安定なありようを特徴的に示すフリーターやニートという存在は、では、どのようなルートを通して生まれるのだろうか。

近年の若者論、若者労働論の展開に大きな貢献を果たしている社会心理学、教育社会学などのアプローチでは、これらの存在は学校から職場への若者の「トランジション」（移行）の困難として分析されてきた。このトランジションは、戦後の日本、とくに高度経済成長期には、学校経由の就職として総じて成功裡に行われてきたが、およそ九〇年代に入る頃から、かつての「成功」はもうむつかしくなった。今では【学校から企業の正規雇用へ】という本流のパイプから枝分かれするいくつかのパイプを通して、ときにはパイプそのものからの漏水として、若者たちのかなりの部分がフリーターやニートになってゆく。

今では日本の労働者のほぼ三〇%にもなる非正規雇用者一般と「フリーター」とは、もちろん合同の概念ではない。しかし、1章で述べるように、若者の場合、両者の重なりはきわめて大きいように思われる。このことを念頭に置いて、ＪＩＬ－ＰＴのフリーター調査研究などに学びながら、また私自身の大学教員の体験もふりかえりながら、あらためて若者たちの職業コースのありうる分化を素描してみよう。

(i)　各レベルの学校（中学、高校、短大、高専、大学、大学院）を卒業して正規雇用の正社員になる――これが従来からの本流である。この層は、労働市場において相対的に有利な大卒でさえ四〇～六〇%に留まると思われる。

(ii)　各レベルの学校卒業者でも、かなりの層が正規雇用での就職を果たせず、またはそれを忌避してフリーター、ときにはニートになる。

(iii)　なんらかの不適応による各レベルの学校からの中退者（とくに高校）、留年者（とくに大学）、希望する教育課程や職業をなお模索する未就業の若者が、「とりあえず」フリーター、ときにはニートになる。

(iv)　正規雇用であれ非正規雇用であれ、はじめの職場を早期に退職した若者が、完全失業者、フリーター、ときにはニートになる。

上に紹介したフリーターとニートの現勢は、この(ii)〜(iv)という多様なルートを通した若者たちの混成軍ということができよう。このコース分化には、若い世代のさまざまの失敗や挫折、失意や鬱屈が、しばしば現実的なプランを欠くまま抱かれる夢とともに渦巻いている。

**なぜそうなるのか**

では、かつてのスムーズなトランジションは、なぜ困難になったのか。多くの若者論、若者労働論はすでに、ニュアンスと力点に相違はあれ、たとえば次のように素描される諸要因を指摘している。

その一。なんといっても、長引く経済不況を背景として、就職先を提供する企業の正社員採用が大きく減少した。その正社員の限定と裏腹に、直接雇用であれ、人材派遣企業を通しての間接雇用であれ、キャリアー展開のない「袋小路の」単純労働の担い手としてフリーターを「活用」する労務管理が進められている。

その二。これまで日本の学校教育の内容は、卒業後に若者たちが就く職業とほとんど実質的な関連をもたなかった。教育におけるこの職業的意義（レリヴァンス）の希薄さ（本田、二〇〇五）が、企業の若年労働力需要が量的、質的に変化した今、若者たちの「就職力」を弱めている。

その三。一方、「豊かな社会」のそれなりの達成を享受してきた若者たちは、旧世代のように、なによりも安定した就職を切実に希望する意識から一定程度は自由になった。そのうえ、これまで学校や家庭や「大人たち」が教えようとしてきた労働の義務と経済的な自立、しかるべき年齢での結婚と育児などに関するこれまでの規範が、世代間のコミュニケーションの希薄化もあって、若者たちにたいする説得性を失っている。

その四。日本の社会政策は、一定の年齢に達した若者を、社会全体の責務として教育し、職業訓練を施し、雇用を促進する内容を備えていない。このことが若者を、包容力を失いつつある家庭になお甘えて依存させ、事態をいっそう深刻にしている……。

今日の若者労働の現状に寄与する要因として、いずれも否定できない説明力を備えている。上の表現自体がすでに私なりの読み取り方をあらわしているが、私も以下の諸章で、とくにはじめのふたつについては、もっとくわしく考察するつもりである。

しかしながら、主として労使関係論という文脈で労働研究を重ねてきた私には、従来の研究や調査の示唆する要因論には、もっと強調されるべき一論点の無視、少なくとも軽視が見受けられるようにも感じられる。たとえばフリーター、ニートの発生ルートについては、先にあげたうちの(iv)、若者の高い転職率にもっと注意が払われねばならない。そして若者労働のこのような状況をもたらす要因としては、彼ら、彼女らにとって就職後の就労継続をむつかしくしている職場の状況――労働内容、労働条件、人間関係をふくむ労働環境などが、もっときびしい検証にさらされるべきであろう。政策論についていえば、こうした職場の状況をさておいてともかく正規雇用に就職させればよいというものではないのである。

**私の問題意識**

ある新聞紙上の次のコラムを読んでみよう。

夏の終わり、この春に卒業した若者がキャンパスの就職相談室に訪れる。「こんな会社に後輩を入れないでくれ」の話。卒業時に膨らませていた夢が破れての結果だ。

一日一二時間労働。一ヶ月にたった二日の休日、その賃金が手取りで一三万円、半年働いて一〇キロやせた、といった話を聞くと、今時の若者はこらえ性がない、などとはいえない。なんで半年も我慢したのだ、と怒鳴りつけたくなってくる。有名なファミリーレストランの労働条件である。パンが売れ残ると、マイナス査定になるので、自費で買って帰ったりしたという。

労働組合によって職場を住みよくする、という発想をもてなくなった現代人は退職するか、我慢をする以外に方法はないのかも知れない。むろん労働基準監督署は存在するのだが、規制緩和は「自己責任」の領域を限りなく広げる。（後略）」（『朝日新聞』二〇〇四年九月一四日、署名は「遠雷」）

若者の労働を語る数多の言説のうち私がもっともふかい共感を覚えたのは、「我慢ではなく夢を与えよ」というタイトルをもつ、この「経済気象台」欄の短い文章だった。ほんとうにそうだ。卒業後の職場の状況を語るゼミナール卒業生たちの、これと大同小異の訴えのいくつかが聞こえてくる。それから、ようやく就職できた息子たち、娘たちの職場生活のようすを伝え、なによりも健康を気遣う母親たちの枚挙にいとまのない投書の数々（たとえば『朝日新聞』二〇〇三年七月二二日、同年一一月二五日、同年一二月九日、二〇〇四年一一月二八日、二〇〇五年六月一〇日）も、この「遠雷」にこだましている。曰くサービス残業はあたりまえ、深夜にしか帰宅できず、毎日それからコンビニの弁当で夕食をすませる、有給休暇もまったくとれない、すっかりやせて胃の調子がよくない、結婚するなんてとても考えられない、結局、辞めたいと言うけれど次の職場が見つかるかどうか……。そればかりか、学生アルバイトのとき上司である正社員サラリーマンが会社のきびしい要請に応えようとして心身の疲労に陥る姿をまのあたりにみて、若者たちが正規雇用にチャレンジする気力を失う、そんな事例もまれではないのである。

若者たちの多くが就業に関して望んでいるものは、平凡な表現ながら「定着できる職場」「続けてゆける仕事」であろう。職場や職業に定着できれば仕事が覚えられ、ほどなくおもしろさややりがいが生まれてくる。経験の力がつく。経験は業務のムダを省きチームの生産性を高める工夫や、繁忙のなかにさえいくらかのゆとりを獲得する知恵の源となる。また、定着できれば、日々の労働のしんどさを分かち合い、その改善のために協力できるなかまを作業机の傍らにきっと発見できる。このような連鎖はひとり正社員だけのものではなく、職業的アイデンティティさえあれば、よし特定企業では非正規労働者であっても獲得不可能ではないはずなのだ。

その系論として私はまた、「遠雷」のコラムが暗黙裏に語るように、我慢か転職だけを唯一の選択肢とするのではなく、「労働組合によって職場を住み良くするという発想」の復権をはかることを、若者の労働の状況を変える枢要の営みのひとつと考えるものである。今、政府などによって提案されている若者のための労働政策は、もっぱらフリーター、ニートの「予防」と「対策」であり、力点は、企業の働かせ方はほとんど聖域とした上での就職促進に偏っているように思われる。後に言及するように、日本型デュアルシステム、インターンシップ制度、紹介予定派遣、ジョブカフェなどのそれなりの意義を私は認めないわけではない。けれども、なによりも必要なことは、やはり定着できる職場、続けてゆける仕事を、できるかぎり潤沢に用意することにほかならないだろう。

企業環境のきびしさを引き合いに出して、それがどんなにむつかしいかを語ることはたやすい。しかし、その企業環境は、とりあえずその一端だけを具体的に示した現時点の若者たちが出会う労働環境の実情を、すべて正当化できるものだろうか。次世代の人びとが労働市場と労働現場で体験する、一方での不完全燃焼と他方での「燃えつき」、その両者が共存するしんどさをこそ凝視したい。それは人的資源という点からみれば職場の潜在的な業務遂行能力を衰えさせ、ひいては、たとえば少子高齢化の加速を通じて産業社会、福祉社会の健全さに深刻なダメージを与える。こうした状況に真剣に思いをいたすならば、若者たちが働き続けられるような職場・職業を若者たちに用意する営みが今すぐにはじめられなければならないことは自明であろう。その用意にいくらかは力をもつはずの人びと、たとえば経営者、労働組合リーダー、労働行政担当者の責任が問われている。

# 1章　若者労働の状況と背景

序章では、現時点の日本では若者たちが労働市場でも労働現場でもたいへんきびしい環境におかれているようすを概観しました。こと労働に関しては、「若者受難」の時代、「若者が社会的弱者に転落」しつつある時代（宮本、二〇〇二年）といえましょう。そう概観した上で、この時代の若者労働というテーマに私なりにアプローチする問題意識も述べました。そのうえでこの1章では、若者の就業をめぐる労働市場と労働現場の全体的な状況をできるだけ実証的に把握し、その背景を考察することにしましょう。

## 1　いくつかの事実

若者労働の状況を把握しようとするとき、たとえば若者は「労働に打ち込む意欲がない」、「ちょっといやなことがあったらすぐ仕事を辞めてしまう」といった、表層的な労働意識について印象を語り、それを前の世代とくらべて特徴づけるアプローチがあります。しかし、私はやはり「存在が意識を規定する」と考えるほうですから、まずは、統計資料などを用いた労働環境をめぐる諸点の確認から入ることにします。

### 失業率の高さ、フリーター・ニートの増加

ひとつは、日本の労働者全体の失業率が景気回復に伴って少しだけ改善しているなかで、若者の失業者が相変わらず高いという素朴な事実です。表1-1をみて下さい。ちなみに労働統計を加工し観察するとき、とくに日本ではほとんどの場合「性別」統計が不可欠です。ジェンダーはそれほど強力に労働者の階層をわける要因だからです。

全体として日本の失業率は、九〇年代後半から加速度的に高くなりました。とくに若者は、三〇代前半の男性を除けば、すべての年齢段階で平均よりもはるかに高い失業率を示しています。二〇〇四年には、若者（一五～三四歳層）の完全失業者数は男性八六万、女性は六二万。失業者全体のなかで占める比率は、それぞれ四五%、五一%です。また、内閣府の『平成一七年版 青少年白書』の描く図1-1からは、長期的にみて若者失業率はいつも高いけれども、一九九七（平成九）年頃から年齢平均との格差がひときわ拡大していることがわかります。よく紹介される若者前期、一五～二四歳層

表1-1　性・年齢階級別の完全失業者数／完全失業率

| | | 年齢計 | 15〜19歳 | 20〜24歳 | 25〜29歳 | 30〜34歳 |
|---|---|---|---|---|---|---|
| 1990年 | 男女計 | 134／ 2.1 | 12／ 6.6 | 24／ 3.7 | 17／ 2.7 | 11／ 1.9 |
| | 男　性 | 77／ 2.0 | 7／ 7.4 | 12／ 3.7 | 8／ 2.0 | 6／ 1.6 |
| | 女　性 | 57／ 2.2 | 5／ 5.7 | 12／ 3.7 | 9／ 3.7 | 5／ 2.5 |
| 1998年 | 男女計 | 279／ 4.1 | 15／10.6 | 49／ 7.1 | 45／ 5.6 | 26／ 4.0 |
| | 男　性 | 168／ 4.2 | 9／12.0 | 26／ 7.3 | 23／ 4.9 | 13／ 3.1 |
| | 女　性 | 111／ 4.0 | 6／ 9.1 | 23／ 6.9 | 22／ 6.7 | 13／ 5.6 |
| 2004年 | 男女計 | 313／ 4.7 | 13／11.7 | 48／ 9.0 | 48／ 6.4 | 39／ 5.0 |
| | 男　性 | 192／ 4.9 | 7／12.3 | 28／10.3 | 29／ 6.9 | 22／ 4.6 |
| | 女　性 | 121／ 4.4 | 6／11.1 | 20／ 7.7 | 19／ 5.9 | 17／ 5.7 |

＊厚労省『労働力調査報告』各年版より作成。
左欄は失業者数（万人），右欄は失業率（％）。

図1-1　若者失業率の推移

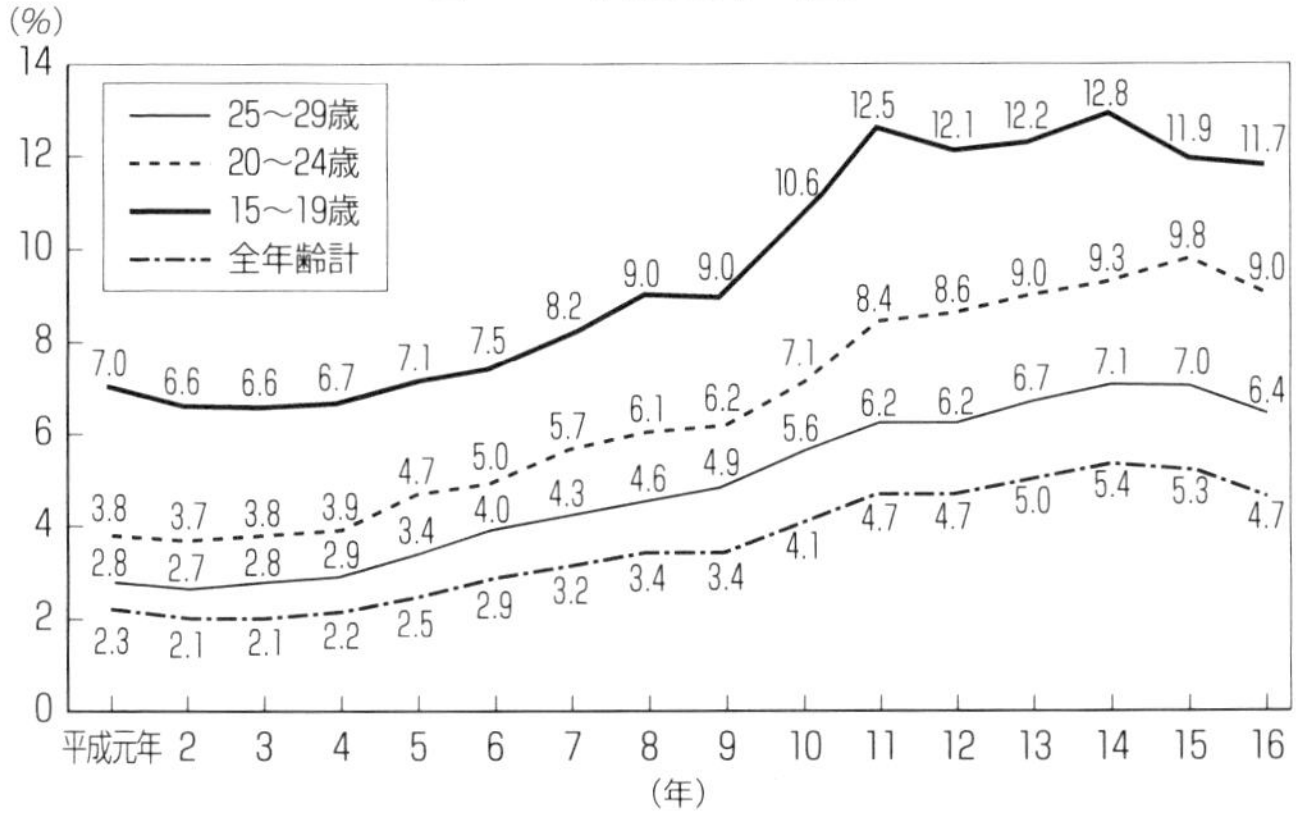


＊内閣府『青少年白書』（平成17年版）より。原資料は「労働力調査」。

図1-2　フリーターの人数の推移

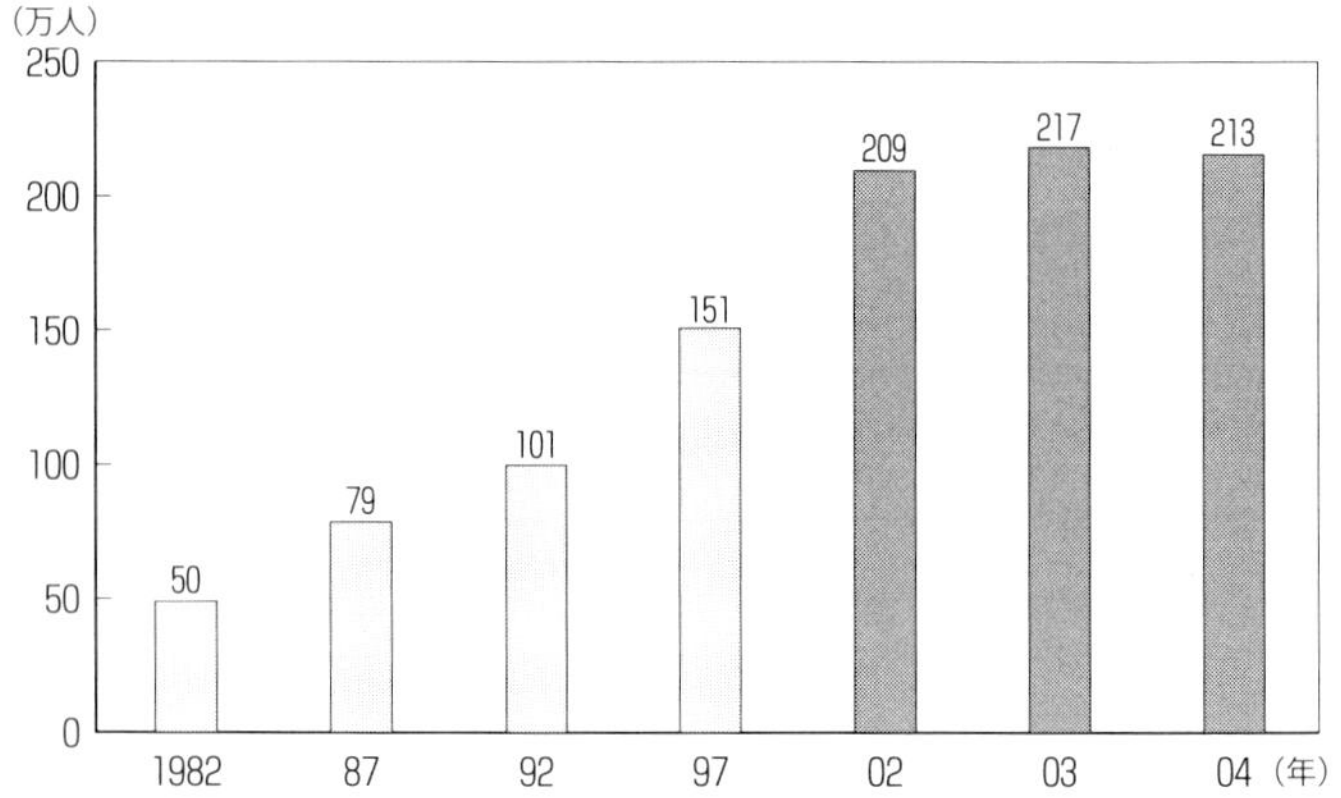


＊厚労省『平成17年版 労働経済白書』より，以下，脚注。

1)　1982年，87年，92年，97年については，フリーターを，年齢は15～34歳と限定し，①現在就業している者については勤め先における呼称が「アルバイト」又は「パート」である雇用者で，男性については継続就業年数が1～5年未満の者，女性については未婚で仕事を主にしている者とし，②現在無業の者については家事も通学もしておらず「アルバイト・パート」の仕事を希望する者と定義し，集計している。

2)　2002年から2004年については，フリーターを，年齢15～34歳層，卒業者に限定することで在学者を除く点を明確化し，女性については未婚の者とし，さらに，①現在就業している者については勤め先における呼称が「アルバイト」又は「パート」である雇用者で，②現在無業の者については家事も通学もしておらず「アルバイト・パート」の仕事を希望する者と定義し，集計している。

3)　1982年から97年までの数値と2002年から2004年までの数値とでは，フリーターの定義等が異なることから接続しない点に留意する必要がある。

の失業率は〇三年で年齢平均の約二倍、一〇％です。

しかし、若者の就業に関しては、完全失業者よりはむしろフリーターやニートの増加のほうを注目すべきでしょう。

それらの定義や意味についてはすでに序章で述べました。

ここでは、まずフリーターについて、厚生労働省（以下、厚労省）の『労働経済白書』の掲げる図1-2を紹介することにしましょう。これによれば〇四年の実数は二一三万人。表の「注」は厳密に年度ごとのフリーターの定義の違いに注意を促していますが、大きな差は生まれません。フリーターが八二年から九七年の間に三倍に、若者労働の受難が本格化したといわれる九七年から〇四年までの七年のうちに一・四倍に増えたことは明らかでしょう。もっとも最近一年の減少には、やはり「景気回復」の反映がいくらかはみられるかもしれません。

**表1-2**　若年無業者数の推移　(単位：万人)

| 年 | 15～19歳 | 20～24歳 | 25～29歳 | 30～34歳 | 15～34歳計 |
|---|---|---|---|---|---|
| 1993 | 8 | 13 | 10 | 9 | 40 |
| 94 | 8 | 12 | 11 | 11 | 42 |
| 95 | 9 | 13 | 12 | 11 | 45 |
| 96 | 9 | 12 | 10 | 9 | 40 |
| 97 | 9 | 12 | 11 | 10 | 42 |
| 98 | 9 | 13 | 13 | 11 | 46 |
| 99 | 9 | 15 | 13 | 11 | 48 |
| 2000 | 9 | 12 | 13 | 10 | 44 |
| 01 | 8 | 13 | 15 | 13 | 49 |
| 02 | 12 | 17 | 18 | 17 | 64 |
| 03 | 11 | 16 | 18 | 18 | 64 |
| 04 | 10 | 17 | 19 | 18 | 64 |

＊厚労省『平成17年版 労働経済白書』より。

では、ニートの数はどれほどなのか。上の『労働経済白書』は、この用語を用いてはいませんが、総務省『労働力調査』を資料にして、「一五歳から三四歳の家事も通学もしていない無業者」を〇四年で六四万人と報告します（表1－2参照）。定義上のニートにほぼあてはまるこのグループは、やはり九七年くらいまでは四〇万人ほどで、〇二年からぐんと増えたのです（厚労省、二〇〇五年②）。年齢構成では、若者後期、二〇代後半と三〇代前半の増加がわずかながらより大きいことが注目に値します。

これとは別の推計、内閣府委託研究による『就業構造基本調査』の再集計では、無業者ニートの数は、〇二年で八五万人でした。このうち、就職を希望しない人は約半分の四二万人なのですが、就職を希望するあと半分、四三万人のなかでも、病気、家事、育児、介護などのため積極的な求職活動ができないという具体的な事情のある人は、ちょうど三割に留まっています。七割は、「探したが見つからなかった」「急いで仕事に就く必要がない」「希望する仕事がありそうにない」「知識・能力に自信がない」などのためです（『読売新聞』二〇〇五年五月三〇日）。たしかにこれは苦労人の大人を嘆かせる意識状況ではあります。いくつかの要因が重なっているにしても、働く意志が見られない若者と求職活動の意欲を失っている若者があわせて約七二万もいることは、やはり無視しえない深刻さといえましょう。

もう一度フリーターに戻ります。『国民生活白書』での広い定義を用いますと、フリーターは、九〇年から二・三倍になって〇一年には四一七万人と数えられていました。この現勢は厚労省報告の二倍近くです。これは派遣労働者などが加わるからなのですが、近年、フリーターを束ねて工場などに派遣する働かせ方（補章参照）が増えていることを考慮すれば、こちらの秤量のほうが、若者の臨時的な非正規雇用としてのフリーターの実態をよりよく示すように私は感じます。ともあれ、その四一七万人の構成をみますと、一一％は「働く意志のある非労働力人口」。これは就職を希望するニートと重なります。また三〇％は、求職中の失業者とされていますので、完全失業者と同じと考えてよいように思うのですが、両者の統計上の正確な関係は私にもわかりません。推測すれば、完全失業者には、雇用保険のある正規雇用から離職して次の正社員職を探している人が多いのではないでしょうか。

もちろん、フリーターの中心勢力（約六〇%弱）がアルバイトやパートであることは間違いありません（『朝日新聞』二〇〇四年五月一〇日）。

このフリーターの中心勢力と、日本の労働者全体の三〇%以上になる非正規労働者一般との違いには注意しておきましょう。非正規労働者のなかでは、何年も同じ職場で働いていて、事実上、無期契約になっている「常用」パートタイマーが、中高年主婦を中心に分厚い層をなしています。業種によっては、彼女らはまぎれもなく基幹労働者です。しかし、もともと定義上も若者に限定されているフリーターは、フルタイムであれパートタイムであれ、基本的に「臨時」雇用の有期契約下にあって、雇用保障はいっそう不安定なのです。職場での呼称も、「パート」より「アルバイト」のほうが多いと思います。フリーターが就業しているときの労働時間は結構フルタイムに近いということも、この呼称に関係しています。

後にもふれますが、若者が働く場合、正社員でなければ、雇用継続の見通しがなかなか立たない臨時・有期契約の「フリーター」になる比率がきわめて高いということができましょう。

## 新規学卒者の進路

いつの時代にも、不安定雇用者はかならず存在しています。けれども今日の深刻さは、これまでとは違って、各レベルの学校卒業者の一定部分が、無業者やフリーターという「進路」を余儀なくされること、あるいは、なんらかの理由でその「進路」を選ぶようになったことにあります。

ひとつの資料として、文部科学省の『学校基本調査』から、「進学しなかった者に占める就職しなかった者の比率」と定義される「無業者比率」を計算することができます。これを用いる研究者の分析（宮本、二〇〇二年）によれば、無業者比率はどの学校レベルでもおよそ一九九二年頃からぐんぐん増えていて、すでに二〇〇〇年には、高校卒で約三五％、高専卒でさえ約一〇％、短大卒や大学卒ではおよそ二七％に及んでいました。乾彰夫の研究も参照しておきましょう。一九九〇年から二〇〇〇年までの間に、高卒では、進学が三一％から四五％に増える一方、就職が三四％から一八％に減り、「無業」――この場合は上の宮本分析よりも分母が大きいのですが――五％から一〇％に増えました。大学卒では、大学院進学が七％から一一％に増える一方、就職が八一％から五六％に減り、無業が六％から二三％に、「一時的な就業」が一％から四％に増えています（乾、二〇〇二年）。二〇〇三年の時点でも、新規学卒者の無業者比率は高卒一〇％、短大一九％、大卒二三％で、趨勢は変わっていないことがわかります（本田、二〇〇五年）。

もっとも、『学校基本調査』での「無業」は、フリーターと区別しがたいところがあるともいわれます。この点では二〇〇五年秋の社会政策学会での小杉礼子の報告が示唆的です。小杉は、学校の把握する就職者はまず正規雇用と想定した上で、すべての中学卒業者から「同年中卒就職者数＋三年後高卒就職者数＋五年後短大・高専・専門学校卒就職者数＋七年後大卒就職者数」を引いた数を「枠外者」と定義します。この「枠外者」にはフリーターが含まれると思われますが、九四年以降すでに三五％を超えていたその比率は、その後も増加傾向にあって、九七年には四〇％近くになっているのです。卒業が安定した就職に直結していた時代はすでに過ぎ去ったということができましょう。

## ある私立大学の場合

大学卒について事態をもう少しミクロ的にみるため、ここで都市圏にある中堅私立大、A校の卒業生の近年の進路分布を検討することにします。毎年ひとづてに調べたもので、資料の出所は伏せます。また、年度によって分類項目も、そして当然ながら比率もいくらか異なりますので、以下は厳密な検証に耐えうる報告ではなく、推計によっておよその傾向がわかるだけですが、かなり深刻な状況は把握できます。

ちなみにどの大学についてもそうですが、すべての卒業生の進路を正確にみようとするなら、いわゆる就職率はまったくあてになりません。就職率とはたいてい【正規雇用を得た人÷就職を希望する旨を学校に伝えてきた人】のこと。調査時点で就職先がはっきりしない、学校に連絡をとらない、とりあえずフリーターでいいと思っているようだ……といった、総じて大学に多くを期待していない若者はもともと分母から外されているのです。大学によっては、公表の就職率を上げるため、むしろそのようなアウトサイダーの「連絡なし」を歓迎する向きさえあるといわれます。それこそが若者労働問題の一焦点ともいうべき、学校ソサイエティから疎外された「純正ノンエリート」若者の就職はもう学校の関心の外にあるようです。

さて、このことを念頭において、A大学の四年次以上の学生——本来ならその年の三月に卒業するはずの若者——のすべて（一〇〇％）をつねに分母において、彼ら、彼女らの三月時点の予定進路分布を、二〇〇〇年度生から〇三年度生まで四年分の平均で見ることにしましょう。

①まず、驚くほど男性に重く偏ってはいますが、約一八％の学生が留年になります。私の大学での経験から推測しますと、留年者は、能力の点で大学の授業についてゆけないというよりはむしろ、就職にはじまる将来のプランを描けないゆえに学業に意欲をもてないという学生が多いと感じます。ここには大学教育、とくに文科系学部の教育が職業にとってもつレリヴァンスの希薄さという、序章に述べた問題がふかく関わっています、しかしともあれ、留年生の大半は、事実上いっそうキャンパス離れしてしまって「とりあえず」アルバイトに日々を過ごしているのです。やがて退学にいたる場合もあります。若者労働論は、この留年者を考慮の外においてはなりません。

②したがって卒業者は約八二％、そして明確に「就職希望」の旨を伝えている者はだいたい半数なのですが、三月時点の「内定者」（おそらくは正規雇用）は約四五％にすぎません。企業のきびしい採用抑制のさなかとはいえ、この「半数以下」はかなり衝撃的な比率といえましょう。

③およそ五％は、次年度に公務員や教員をめざす人など「就職活動継続」です。

④およそ七％は、大学院進学、なんらかの「学業継続」、転学部、外国留学、各種学校進学などからなる「進学」と考えられます。

⑤約二五％は、年度によって「それ以外の進路」とか「無届け」とか「不明」とかとよばれています。このなかにはその後に正規雇用が決まった人、文字どおり家業を継ぐ人、あるいは就職そのものを切実なニーズと考えない恵まれた「お嬢様」などがふくまれているかもしれませんが、これらはごく少数でしょう。大学では「二五％」の内容をますます正確には把握できなくなっています。しかし以前の分類から類推すれば、その圧倒的部分はアルバイト（つまりフリーター）、いくらかは無業、「自宅研修」、「その他」（まったく不明）と考えて大過ありません。彼ら、彼女らの多くは、おそらく「定職」につくことに希望や展望、自信や意欲をもてないまま、早々に「シュウカツ」を放棄してしまった若者と思われます。そういえば厚労省と文科省の調査でも、二〇〇四年に大学を卒業した男子学生のうち、卒業までに就職を希望して活動したのはなんと五八・五％とか。九六年の調査開始以来の最低だそうです（『東京新聞』二〇〇五年五月一四日）。

結局、A大学については、厳密にはいえませんが、留年者一八％の大半は学生アルバイトを継続し、「それ以外の進路、不明、無届け」一五％の圧倒的部分、少なくとも一〇％は、「とりあえず」フリーターに、ときにはニートになる可能性が高いと推測されます。考慮すべきはまた、留年生は翌年の就職戦線でフリーターになることが多いという現実です。他方、「内定」のなかにも、今では正社員とフリーターの間に位置する、たとえば「三年間の契約社員」といった「常用非正規雇用」もあります。それゆえ、くりかえし言えば、以上の推計から正確に「フリーター率」を知ることはできません。とはいえ、少なく見積もっても、あくまでも全学生を視野に入れるならば、フリーターやニートになる若者の数は、正社員雇用の「就職が決まった」と報告してくる人の数に迫っているといえましょう。

もっとも、景気の回復によって、A大学でも私の勤務する大学でも、正社員としての就職者の数はいくらか増えているようです。けれども、留年者、「シュウカツ」に意欲を発揮できない学生、従容としてフリーターになってゆく若者の簇生はいわば構造的な問題であるかにみえ、根本的な変化はなお見られません。

## 離職率の高さ――七・五・三現象

現時点の若者労働市場において、就職難と並ぶもうひとつのめざましい事実は、若者の離職率の高さです。雇用情勢がきびしいのに、いまの仕事を離れる若者はむしろ多くなりつつあります。いくつかの資料で確かめてみましょう。

まず表1‐3の上段から、二〇〇二年の離職者全体のなかで、一〇代と二〇代の若者は約三七％にも及ぶことがわかります。定年退職者をふくむ「六〇歳以上」をはるかにしのぐ高さです。また表1‐3の下段によれば、同年、少なくとも二四歳までの若者は、転職率も離職率も、男女とも、年齢平

**表1-3**　若年層離職の状況（2002年）

（単位：％）

| | 年齢計 | 15～19歳 | 20～24歳 | 25～29歳 | 30～34歳 | 60～64歳 |
|---|---|---|---|---|---|---|
| 離職者中の比率 | 100.0 | 5.0 | 15.4 | 16.5 | 11.1 | 15.6 |
| 男性転職率 | 4.4 | 17.6 | 12.7 | 7.3 | 5.3 | 4.9 |
| 男性離職率 | 4.7 | 18.3 | 9.1 | 4.0 | 2.7 | 12.2 |
| 女性転職率 | 6.3 | 21.2 | 15.4 | 10.3 | 8.1 | 2.1 |
| 女性離職率 | 8.6 | 20.9 | 12.0 | 12.3 | 11.0 | 11.7 |

＊厚労省『雇用動向調査』および総務省『就業構造基本調査』より作成。
離職者中の比率での「60～64歳」欄は60歳以上。
転職率，離職率の分母は1年間の有業者数。

均の水準をはるかに超えています。

この資料下段の定義では、「離職者」とは、「転職者」と違って今は働いていない人のことです。これを考慮して数値を読めば、事態の深刻さがよくわかるでしょう。さすがに若者後期、二五～三五歳の男性の離職率は年齢平均以下です。しかし女性の離職率はといえば、二〇代のそれは、ライフサイクルの上からは高いはずの三〇代前半を上回っています。また、六〇～六四歳グループの男性の離職率が一二％にすぎないとき、二〇代前半の青年の離職率は九％なのです。仕事というものを離れてゆく若者がどんなに多いかをこれらは物語っているのです。

よく「七・五・三現象」といわれます。ここでも前掲『青少年白書』掲載の図を利用しますが、図1-3がこの現象をあざやかに立証しています。ここでの「離職率」は、表1-3の「転職率」をふくむものであることに注意しなければなりませんが、平成不況が深刻化して以来、この意味での若者の早期離職率はむしろ高まる傾向にあります。二〇〇一年の新規就職者は三年後、中卒で七二％、高卒で四九％、

図1-3　若者層の在職期間別離職率

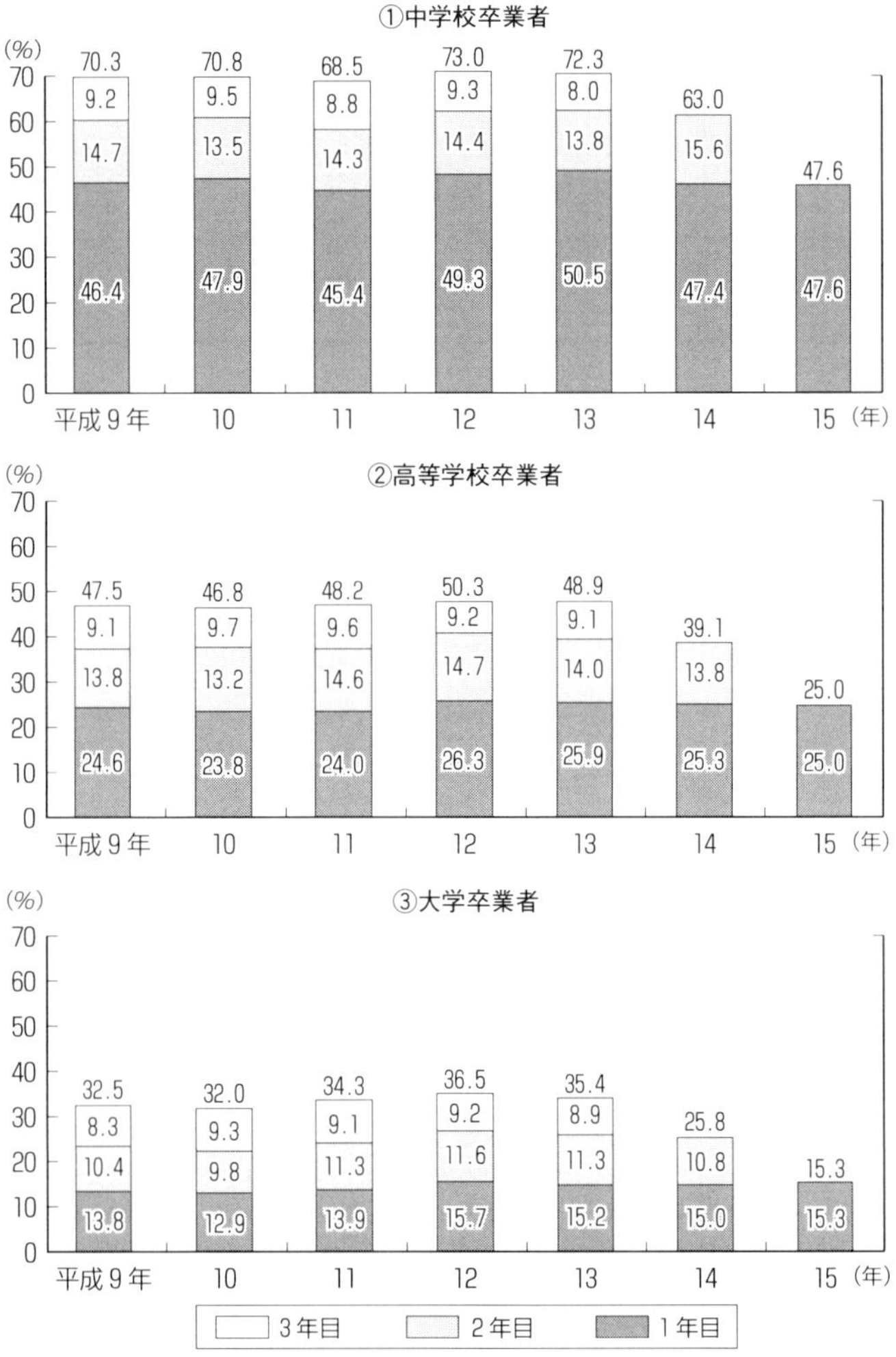


＊内閣府『青少年白書』(平成17年版) より。原資料は厚労省「新規学校卒業者の就職離職状況調査」。

大卒で三五％も離職しているのです！　学歴別の離職率の差は、もちろん仕事内容や労働条件においての「それでもまだ恵まれている」程度の差によるものでしょう。とはいえ、図1-3ばかりでなくインターネット上の「若年者キャリア支援研究会報告書」の資料も援用すれば、すべての学歴について、若者の離職率は、一直線の増加とはいえないまでも、好況で就職がたやすかった八〇年代の末より高いこと、とくに九〇年代後半からひときわ高まったことがわかります。くりかえせば、より就職しにくくなったのに、早々の離職が増えているのです。

なお、近年、景気のわずかな回復とともに、若者の離職のうちでは「個人的理由」とも表現される「自発的」離職が増えています（『日本経済新聞』二〇〇四年三月二一日）。もともと中高年層とくらべると若者の場合は、定年、リストラ、倒産など「経営上の都合」を主とする「強制的」離職の場合が相対的に少なかったのですが、リストラの「一巡」とともに、「自発的離職」の傾向がつよまっているとのことです。

たしかに一般に景気回復は、若者を中心に自発的転職の機会を広げはするでしょう。ただ、かねてから私は、この離職理由に関する統計の説得性には疑問を抱いてきました。若者が会社を辞めようとするとき、その理由の「自発」と「強制」の間に果たしてどれほどの差があるでしょうか。「七・五・三」離職の理由の大半は「自発的」なものと思われますが、このなかには「退職を迫られたわけではないけれど、これ以上この職場ではやってゆけない」という判断にもとづくビヘイビアが、非常に高い比率でふくまれていると思います。のちにもっと立ち入って考えてみましょう。

## 2　背景と要因

失業者・フリーター・無業者の増加と離職率の高まり——では、これらの背景にはどのような要因が作用しているでしょうか。主として広義の就職難にかんする要因のほうから考察してみます。

### 正社員新規採用の抑制

まず、なんといっても決定的なのは企業の新規学卒・正社員への求人の減少です。ハローワークが関わっていて数値が把握しやすい高卒については、表1-4を検討しましょう。一九九〇年以来、求職者も三分の一に減ってはいます。少子化があり、高卒就職難に背中を押された大学進学率の高まりがあったからです。しかしなによりも求人のほうが一三四・三万人から二一・五万人に、実に一七％に減ってしまいました。七〇年には七倍、七五年には三・四倍、九〇年でも二・七倍はあった有効求人倍率も、したがって一・三倍になっています。

この求人の急減にはいくつかの理由が重なっています。およそ一九七五年以来、日本企業は正社員を「少数精鋭」に限定する労務管理を加速度的につよめてきました（熊沢、一九九七年／二〇〇三年）。

**表1-5**　年齢階級別正規従業員比率

（単位：%）

| | 男　性 | 女　性 |
|---|---|---|
| 年齢平均 | 83.5 | 47.0 |
| 15～19歳 | 33.8 | 21.3 |
| 20～24歳 | 63.1 | 55.3 |
| 25～29歳 | 86.9 | 63.2 |
| 30～34歳 | 91.9 | 54.9 |

＊総務庁『平成14年 就業構造基本調査』より作成。
「会社などの役員を除く雇用者」中の比率。

**表1-4**　新規高卒者の職業紹介状況

（単位：千人，%）

| | 求人数 | 求職者数 | 求人倍率 |
|---|---|---|---|
| 1980年 | 925 | 495 | 1.87 |
| 1985年 | 841 | 477 | 1.76 |
| 1990年 | 1,343 | 523 | 2.67 |
| 1995年 | 643 | 332 | 1.94 |
| 2000年 | 272 | 201 | 1.35 |
| 2004年 | 225 | 173 | 1.30 |

＊厚労省『労働統計要覧』（各年）より作成。
原資料は「職業安定統計」。

また、平成不況期の二〇〇一～〇二年頃をピークとするリストラのもっとも広く使われた方途が新規採用の抑制にほかならなかったとも、若者の就職には大きな打撃でした。こうした一般傾向の上に、高卒者には特別に不利な事情も加わります。ひとつには、経済のグローバル化に促されて高卒男性の主要な就職先であった製造業のブルーカラー正社員の求人が大きく落ち込んだこと、今ひとつには、高卒女性がかつてよく正社員として就職した事務職、販売職でも急速に正社員採用が少なくなったことです。いずれにせよ、正社員になることを想定したかつての「学校経由の就職」の門戸はきわめて狭くなったのです。

正社員採用を限定することの裏面は、もちろん非正規労働者比率の増加です。この点は少しあとに説明しますが、『就業構造基本調査』を資料とするかんたんな表1-5によって、正規従業員の比率を確かめておきましょう。二〇〇二年、男性では二〇代前半まで、女性では一〇代層で、その比率が年齢計を下回っています。二〇代前半では男性の六三%、女性の五五%のみが正社員です。今の瞬間風速、つまりいま学校を卒業して正規従業員になる人の比率はおそらくもっと低いでしょう。「就職口があるとしても非正規」、そうあきらめている若者はかなり多いと思います。

## 不本意就職

正規従業員がきびしく限定されるようになったという事実から、失業者や無職者が多発する原因と離職者が増える原因とは、実はそれほど異なるものではないことがわかってきます。このあたりから、若者たちの高い離職率の背景考察に入ってゆきましょう。就職後の職場の状況を重視する私の問題意識では、ここがとくに大切なのです。

第一に、素朴な推定ですが、就職できても結局「不本意就職」が多かったということを指摘できます。私の体験を参考に大卒の場合を例にとってみましょう。

就職活動をはじめるとき、学生たちは当然、企業規模、業界、職種、それから世間的な評価などについて一定の希望をもっています。けれども、学生たちの多くがまず希望するトップメーカー、大手の銀行や商社やデパート、有名な旅行業や出版社、マスコミなどは、大学のブランド、成績、健康、それにいかにも「前向きの」意欲や姿勢などすべてそろわなければ、なかなか就職できません。学生たちはそこで、徐々に希望を下方に調整しながら、大学三年の晩秋から四年の初秋の頃まで、人によっては三〇社、四〇社と就職活動を試みるのです。買い手市場の今、たいていは一年近くにわたる

「シュウカツ」は、私たちが想像するよりもはるかに若者たちの心身を消耗させる営みです。彼ら、彼女らは会社説明会、入社試験、第一次面接、第二次面接、第三次面接……と容赦のない選別が続くなか、どのように自分をアッピールすればよいか、自分になにか「売れる」ものはあるのか、「圧迫面接」（矢継ぎばやに追及を重ねるかたちの質問）にどう対処するかなどに悩みます。思えば会社こそは若者たちがはじめて出会う、避けることも抗うこともむつかしい圧倒的な権威なのです。

そして結局、ふつうの大学の多くの学生たちは、疲れ果てて、ときには打ちのめされて「想定外」だった無名の企業に就職してゆきます。この頃には、週二日の休みは取れないかもしれないといった労働条件面での不安も、まぁ仕方ないかという境地です。社会経済生産性本部と日本経済青年協議会の調査は、二〇〇五年の新入社員のうち、四年制大卒の二一・一％は「負け組」（不本意就職）だったと報告しています（『毎日新聞』二〇〇五年六月二三日）。正社員に採用されたからにはなんとか自分を納得させてがんばりたいという気持が働くものですから、はじめに希望した企業に就職できなかった若者の比率は、この二一％よりもはるかに高いと私は思います。

ともあれ、不本意就職が若者を容易に離職に誘う要因のひとつであることは間違いありません。職場でなにかいやなことがあった場合、そこまで執着しなければならない企業か？　と若者たちは考えてしまうのです。

表1-6　年齢階級別非正規職員比率

（単位：%）

| 女　性 | 計 | 15-24歳 | 15-24歳（在学含） | 25-34歳 | 35-44歳 | 45-54歳 | 55-64歳 | 65歳以上 |
|---|---|---|---|---|---|---|---|---|
| 1985年 | 31.9 | 8.3 | 14.4 | 24.3 | 36.9 | 37.4 | 38.1 | 45.8 |
| 1990年 | 37.9 | 11.9 | 20.9 | 28.3 | 49.5 | 44.7 | 44.1 | 48.1 |
| 1995年 | 39.0 | 16.0 | 28.3 | 26.9 | 48.9 | 46.8 | 43.6 | 51.4 |
| 2000年 | 46.2 | 26.4 | 42.3 | 31.8 | 53.1 | 51.6 | 55.3 | 56.8 |
| 2001年 | 47.7 | 28.8 | 44.9 | 34.9 | 52.8 | 52.8 | 57.1 | 59.1 |
| 男　性 | 計 | 15-24歳 | 15-24歳（在学含） | 25-34歳 | 35-44歳 | 45-54歳 | 55-64歳 | 65歳以上 |
| 1985年 | 7.2 | 5.1 | 15.4 | 3.2 | 3.1 | 5.0 | 19.6 | 34.7 |
| 1990年 | 8.7 | 6.8 | 20.0 | 3.0 | 3.2 | 4.4 | 22.4 | 51.0 |
| 1995年 | 8.8 | 9.8 | 23.9 | 2.9 | 2.4 | 2.9 | 17.4 | 49.4 |
| 2000年 | 11.7 | 19.7 | 38.9 | 5.7 | 3.8 | 4.2 | 17.6 | 54.8 |
| 2001年 | 12.5 | 20.5 | 42.1 | 7.3 | 3.3 | 4.6 | 18.2 | 56.1 |

＊三山雅子（2003年）より。
原資料は総務省「労働力調査特別調査」（各年）。
雇用形態は「各企業での呼称」による。

## 非正規雇用

学卒者の進路に占めるフリーターの比重から推し量っても、とくに若者において非正規労働者の比率が高まっていることはあらためていうまでもありません。三山雅子の作成になる表1-6は、一九八五年以来、若者前期の一五～二四歳層では、非正規労働者の増加が労働者全体よりもより急角度で、その比率が男性では年齢平均をはるかに上回って二〇〇一年には（在学者を除いて）二〇・五％、女性では二八・八％に達していることを示しています。ただ女性の場合は、中高年主婦の短時間パートの分厚い存在ゆえに、その比率はそれでも年齢平均以下なのです。

企業がともすれば非正規雇用を好む理由は、あらためて資料を示すまでもなくすでに明らかです。確認すれば、非正規雇用のタイプによっていくらか重点は異なりますが、①「人件費の節約」（つまり低賃金）、②「一定期間（日、週、年）における仕事の繁閑への対応」、③「景気変動に応じた雇用量の調節」、④「長い営業（操業）時間に対応するため」が主な理由にほかなりません。ただ、契約社員や派遣労働者の一部に関しては、ほかに「専門業務への即戦力」需要が加わります（たとえば厚労省、一九九九年）。ここから、非正規労働者が増えれば離職率が高まるとまずいってよいと思います。

若年非正規労働者の代表格ともいうべきフリーターは、なによりも上の「理由」②③④において、非正規雇用諸形態のうちでも際立った存在です。つまりフリーターはほとんどすべて短期の有期雇用なので、期間満了とともにいったんは離職せざるをえません。もともとフリーターのうちには定義上、繋ぎ仕事の間の無業者も含まれているのです。このフリーターの収入については、年齢階層と雇用形態と年収をクロスさせた資料を得ることがむつかしく、包括的な資料はなかなか得られません。調査対象の定義や規模を異にするいくつかの断片的な情報では、正社員の年収平均三八七万円の三分の一以下にあたる一〇六万円（UFJ総研調べ、『読売新聞』二〇〇五年六月二日）、年収一五〇万円（〇二年労働経済白書）、月一五万円、年収一八〇万円（東京都のウェブサイト）とさまざまです。しかしいずれにせよ、フリーターの給料は、低く、不安定であり、そしてこの点が大切なのですが、原則として昇給しないという特徴をまぬかれません。つまり、転職したからといって賃金が大きく減るわけではないという支払形態なのです。

## 仕事そのものの性格

若者たちはいま、労働条件よりも与えられる仕事の性格によりふかい関心を寄せているともいわれます。しかしそれにしては、若者労働論において職業や職種の現実が語られることはほとんどありません。ここでこの仕事の中身という問題に少し立ち入ってみましょう。

年齢階級別にみた二〇〇四年時点の職業構成を示す表1－7から、たとえば次のようなことがわかります。以下はすべて、年齢平均の場合とくらべての若者の特徴です。

(i) 男性の一五～二四歳までの二層では、サービス職と労務職がきわめて多い。生産工程職が年齢平均より高い比率は、漸減するとはいえ、三〇代前半でも明瞭である。
(ii) 男性の二五歳以降の二層では、販売職と専門・技術職がいくぶん多くなる。
(iii) 女性の一五～一九歳層ではサービス職と販売職がきわめて多い。
(iv) 女性の二〇歳以降の三層では、事務職と専門・技術職が多くなる。

個々の仕事の性格は、こうした職業大分類ではなかなか把握しがたいものがあります。とはいえ、

**表1-7　就業者の年齢階級別職業構成**　（単位：%）

| | 総人数 | 専門・技術 | 管理 | 事務 | 販売 | サービス | 農林・漁業 | 運輸・通信 | 生産工程 | 労務 |
|---|---|---|---|---|---|---|---|---|---|---|
| 〈総計〉 | | | | | | | | | | |
| 年齢　計 | 6,329 | 14.5 | 3.0 | 19.7 | 14.2 | 11.8 | 4.5 | 3.2 | 28.1 | 5.7 |
| 15～19歳 | 98 | 4.1 | 0 | 13.3 | 21.4 | 29.6 | 1.0 | 1.0 | 29.6 | 8.2 |
| 20～24歳 | 485 | 15.3 | 0 | 18.1 | 16.3 | 20.0 | 1.0 | 1.9 | 26.2 | 4.9 |
| 25～29歳 | 697 | 18.8 | 0.1 | 23.8 | 14.5 | 11.3 | 1.0 | 2.3 | 26.5 | 4.3 |
| 30～34歳 | 737 | 17.1 | 0.7 | 24.6 | 14.7 | 9.5 | 1.2 | 3.1 | 28.0 | 4.6 |
| 〈男性〉 | | | | | | | | | | |
| 年齢　計 | 3,713 | 13.4 | 4.6 | 13.1 | 15.2 | 8.8 | 4.5 | 5.2 | 34.3 | 5.5 |
| 15～19歳 | 50 | 2.0 | 0 | 6.0 | 16.0 | 26.0 | 2.0 | 0 | 44.0 | 12.0 |
| 20～24歳 | 244 | 9.0 | 0 | 8.2 | 15.6 | 19.3 | 1.6 | 3.3 | 41.4 | 8.2 |
| 25～29歳 | 395 | 15.4 | 0.3 | 12.2 | 15.9 | 10.6 | 1.5 | 3.8 | 40.0 | 5.8 |
| 30～34歳 | 455 | 15.4 | 0.9 | 14.7 | 17.4 | 7.9 | 1.3 | 4.8 | 36.5 | 5.3 |
| 〈女性〉 | | | | | | | | | | |
| 年齢　計 | 2,616 | 16.2 | 0.7 | 29.0 | 13.0 | 16.4 | 4.5 | 0.3 | 19.3 | 6.0 |
| 15～19歳 | 48 | 4.2 | 0 | 20.8 | 25.0 | 33.3 | 0 | 0 | 12.5 | 4.2 |
| 20～24歳 | 241 | 21.6 | 0 | 28.2 | 17.0 | 20.7 | 0.4 | 0.4 | 10.4 | 1.7 |
| 25～29歳 | 302 | 23.5 | 0 | 38.7 | 12.6 | 12.3 | 0.7 | 0.3 | 10.6 | 2.0 |
| 30～34歳 | 282 | 19.9 | 0.4 | 40.4 | 10.3 | 12.1 | 1.1 | 0.4 | 14.2 | 3.5 |

＊総務省『平成16年 労働力調査』より作成。
「サービス」は保安従事者をふくむ。「労務」は「生産工程」の内数。
人数欄の単位は万人。

このうち(i)および(iii)のサービス職、労務職は総じて、どこまでも単純労働の性格がまとわりつく職業といえましょう。では、(i)の生産工程職、(ii)の販売職、(iii)の販売職、(iv)の事務職はどうでしょうか。

これらはもともと、はじめは単純な作業ながら、次第に複雑な業務になり責任も重くなる、つまりキャリアー展開の可能な仕事でした。けれども、注意すべきことには近年、これら最大グループ三職種のなかに、キャリアー展開を求められない、つまり単純・補助作業から上位職務への脱出が許されないノンキャリアー・コース、非正規労働者の一群が、正社員採用の限定とともに台頭してきたことです。上の分類のうちでは、(i)の生産工程職、(iii)の販売職（おそらくは店頭販売）、(iv)の事務職のかなりの部分は、フリーターや派遣労働者をふくむノンキャリアー・コースの若者だと思われます。要するに若者に与えられる仕事の内容は、おそらく正社員比率が高い(ii)の販売職（たぶんルートセールスのような営業）、(ii)および(iv)の専門・技術職を別にすれば、続けてゆくのがいやになるような「おもしろくない」仕事である場合が多いと思います。後にもふれますが、これは「若者の仕事はかんたんな補助作業から」というこれまでの通念では説明できない現時点の特徴でもあります。

なお、一般には少しわかりにくい職業についてかんたんに説明を加えますと、労務職というのは、機械のオペレーターではなく、ブルーカラーの周辺的な仕事です。一番多いのは清掃員で、ほかに荷造工、配達員、倉庫作業員などがここに属します。中高年の女性パートや定年退職後の男性とともに、若者前期の男性もかなりここで働いているのです。また若者労働論においては、サービス職というものにとくに注意が払われねばなりません。

よく誤解されるのですが、サービス職とは、教育機関や病院やソフトウェア会社や旅行会社をふくむサービス産業に勤務する人の意味ではなく、主として飲食店で働く接客員、給仕従事者、ウェイター、ウェイトレス、調理人やキッチンスタッフなどです。もちろん外食産業、ファミリーレストラン、スナックバー、カラオケ店、ヴィデオ店、スポーツジム、ゲームセンター、エステティックサロン、理美容室……など実にさまざまな娯楽・サービス施設で受付や「管理」にあたる非専門的な対人サービスに携わる人びともここに入ります。典型的な職場、マクドナルドにちなんで「マック仕事」とよばれたりもします（大石、二〇〇五）。接客は今の若者にそれほど嫌われる仕事ではありませんが、やはり定型的で飽きのくる仕事にほかなりません。しかし都市雑業のパノラマはこの種のサービス職をともかく広範に需要し、そこに多くの若者男女が「とりあえず」引き寄せられているのです。

## 学生アルバイト覚書き

若者労働を雇用形態と仕事の性格という文脈で考えれば、今日、学生アルバイトを無視できません。私は学生たちのアルバイト体験をよくゼミナールの教材としてきました。これは4章で述べる「職業教育総論」の私なりの実践なのですが、ゼミ生たちのレポートや語りから私が学んだことを、ここでいくらか紹介しておきましょう。

たいていのゼミ生が、開講期の平日には週二～四日、一七時頃から二一時頃まで、土日や夏休みにはフルタイムで働きます。時給は七五〇～一〇〇〇円くらいです。

職場は、スーパー、コンビニ、ファーストフード、居酒屋、焼肉店、イタリアンレストラン、ホテルの宴会場、サービスエリア、ゲームセンターなど実に多様です。分譲マンションのモデルルームの案内板を掲げるとか、そのビラを郵便ポストに入れるとかの作業もあります。二〇〇五年のゼミではじめて知ったのは、派遣法の改正による派遣「業種」の自由化に伴って、ここにも人材派遣会社が進出していること。すなわち派遣会社が、「職種不問」で登録している学生に臨時性のきわめて高い雑業を斡旋する方法です。学生たちは、たとえば「前夜に連絡があって」、たとえば倉庫での積荷作業、引っ越しの手伝い、改装工事の手伝い、イベント・展示会の特設会場の設営、駐車場の案内、特別セール時の薬局での店頭販売などに赴きます。漂流フリーター（補章参照）と同じです。

こうした仕事例は前項のくりかえしのようになりました。そのとおりで、学生アルバイトとフリーターや一部の主婦パートは、同じ仕事分野で一緒に、または勤務時間帯だけを違えて働いている非正規労働者のなかまです。職業としては主としてサービス職、販売職（店員）、労務職、そしてフリーターとともに、まぎれもなく「ハンズ」（使い捨ての人手）なのです。この種の仕事なら、今さら言われなくても学生たちは十分に職業体験をしているといえましょう。そんな彼ら、彼女らの話を聴いていると、印象的なことがふたつ浮かんできます。

ひとつは、学生たちはまず、仕事には「接客」の妙味がちょっとわかっておもしろいもの、上司の正社員が変に威張ったり体力的にきつかったりでいやなものもあるけれど、少し自信がついた、友だちができた、どの仕事も自分を「成長させてくれた」と、総じて体験を肯定的に語ることです。もうひとつは、とはいえ、「バイトのわれわれを使う」その職場の正社員には決してなりたくない、卒業後の就職先は別に探したいと話を結ぶことです。よくわかります。それは、たいていの「バイト先」

職場では少数になっている正社員に課せられている、ノルマや長時間労働や財務上の責任からくる拘束性がよくわかるからです。また、一般に経過的な就業体験だからこそ、定型的または補助的な、ときにはきつい作業にも耐えられるからでしょう。

けれども、若者労働の今日の深刻な問題は、高校卒よりはいくぶん恵まれた存在であるにせよ、大卒の若者にとっても、卒業後の仕事や雇用身分は「体験」としてのアルバイト時とあまり変わらないかもしれない、傍らのフリーターは明日の自分かもしれないということなのです。経過的なればこそ思い切って、扱いがひどすぎれば上司や会社に抗議してみれば……という思いに私はとらわれるのですが、若者たちは奇妙に寛容です。

## 正社員離職の背景

少し先走って脇道にそれました。本論に戻りましょう。

若者の早期退職が多いのは、仕事が単調でおもしろくなく、雇用が不安定で賃金も安い非正規労働者だけではありません。実は、仕事内容は結構「やりがい」もあって、一応は無期雇用の若手正社員の離職も多いのです。『平成一七年版　労働経済白書』によれば、一五〜三四歳層の「離職者に占める就業形態別雇用者となった者（転職者）の割合」は二〇〇四年、人数でみると次のような順序です（厚労省、二〇〇五年②）。

①非正規雇用から非正規雇用へ　三九%
②正規雇用から正規雇用へ　三四%
③正規雇用から非正規雇用へ　二一%
④非正規雇用から正規雇用へ　一七%

この興味ぶかい集計が示すことは、転職ではやはり、非正規間の移動が最多であること、非正規⇓正規よりも正規⇓非正規のほうがはるかに多いことですが、ここでの文脈では、若者の転職の約半分は正社員によるものということにほかなりません。それゆえ、若者労働問題はフリーター・ニート問題に留まらないし、若者労働政策は正規雇用に「就職させる」ことで終わってはならない、私はいつもそう感じます。

では、せっかく難関を突破して正規従業員に採用された若手がなぜ早々に辞めてしまうのでしょうか。

大きな背景としては、およそ九〇年代以降、全体として日本企業は、経営のパフォーマンス評価を、たとえば市場シェアの拡大や企業の長期的な発展よりはその期の収益率アップを！と短期化させています。その一環として人事戦略の重視点も、従来型の長期的な人材育成というより「即戦力」の成果達成へと移ってきました（熊沢、一九九七年）。三五歳くらいまではあまりきびしく「成果」を問わず、じっくりと会社になじませてフレキシブルな適応能力を開発させるという、これまでの若手の人材育成のいとまはもうないというわけです。専門職でも一般労働でも、可能なら非正規労働者を「活用」するという雇用政策もむろんその一環です。その上で、限定採用している正社員には、入社早々から会社の業績アップに直結するような働き方を求めるにいたったのです。

かんたんに言えば、若手社員の仕事はこのところまことにしんどくなっています。企業自身もこの点を認めています。労働政策研究・研修機構（JIL－PT）の〇四年一月発表の大手企業を中心とする一〇〇社調査では、三〇歳未満の社員のここ五年間の仕事の変化について、企業の五四％が「仕事量が増えた」（「増えた」と「やや増えた」の計）、三九％が「労働時間が長くなった」、五七％が「精神的負担が増えた」と報告しています。これと同じ質問にたいする労働組合の回答は、順を追って七〇％、六二％、七七％でした（『朝日新聞』二〇〇四年一月二四日）。

## 長時間労働

若手正社員の労苦をもう少し具体的に検討しましょう。第一に、なんといっても労働時間の長さが問題です。まず年間就業二五〇日以上の人を対象とする表1－8をよく見て下さい。ちなみに男性労働者の四六％、女性労働者の三〇％を占める「就業二五〇日以上」層は、まずすべて正社員なのですが、いま土日と祝日を休めば年間出勤日数は二四六日になりますから、「二五〇日以上」というのは

表1-8　年齢階級別・週就業時間別の雇用者比率　（単位：％）

| | 人　数 | 43～45 h | 46～48 h | 49～59 h | 60 h 以上 | 49 h 以上 |
|---|---|---|---|---|---|---|
| 男　性 | | | | | | |
| 15～19歳 | 1,315 | 7.5 | 23.2 | 22.2 | 16.5 | 38.7 |
| 20～24歳 | 9,219 | 10.9 | 17.6 | 27.1 | 24.4 | 51.5 |
| 25～29歳 | 18,986 | 10.5 | 16.1 | 26.7 | 30.6 | 57.3 |
| 30～34歳 | 20,332 | 9.6 | 15.4 | 27.9 | 32.4 | 60.3 |
| 35～39歳 | 18,220 | 9.8 | 13.9 | 27.5 | 32.7 | 60.2 |
| 年齢　計 | 146,546 | 10.7 | 16.5 | 26.2 | 26.2 | 52.3 |
| 女　性 | | | | | | |
| 15～19歳 | 907 | 11.1 | 15.4 | 14.8 | 10.6 | 25.4 |
| 20～24歳 | 8,183 | 13.4 | 17.4 | 20.2 | 11.6 | 31.8 |
| 25～29歳 | 10,291 | 17.0 | 16.0 | 18.7 | 10.1 | 28.8 |
| 30～34歳 | 7,317 | 17.2 | 14.4 | 15.8 | 7.9 | 23.7 |
| 35～39歳 | 6,513 | 13.8 | 15.2 | 14.6 | 8.0 | 22.7 |
| 年齢　計 | 67,658 | 14.3 | 15.6 | 16.4 | 8.7 | 25.0 |

＊総務省『平成14年 就業構造基本調査報告』より作成。
　年間就業日数250日以上の雇用者（人数は単位100人）。

それほどにも休まない働き手ということになります。

この表によれば、二〇代後半から三〇代にかけて、男性の五七～六〇％が週四九時間以上、三一～三三％が実に六〇時間以上働いています。年齢平均をはるかに超えています。女性についてはむしろ、一〇代、二〇代の四九時間以上の水準二五～三二％、六〇時間以上の水準一〇～一二％が、年齢平均を超えます。三〇代女性では、どうしても長時間労働がむつかしいからでしょう。

どのような産業や職種で労働時間がとくに長いのかは興味ある問題ですが、ここでふかくは立ち入れません。水野谷武志の二〇〇五年春の社会政策学会での報告資料によれば、男女共通では、卸売・小売・飲食店のサービス職と販売職、運輸・通信業の運輸・通信職（たとえばトラック運転手）、製造業の専門・技術職などが、男性ではほかに金融・保険・不動産業の販売職（外交セールス）、女性ではほかにサービス産業の販売職、卸売・小売・飲食店の技能・労務職などがあげられました。総じて営業時間＝開店時間の長い職場、数値ノルマや納期を達成しなければならないという要請がとくにきびしい職種、規制緩和が業界の過当競争をもたらしている交通労働などが想起されます。しかしいずれにせよ、総じて正社員は働きすぎというほかありません。週六〇時間以上の労働とは週二〇時間以上の残業、五日働くとすれば日に四時間以上の残業。定時が六時に終わるとすれば退勤は一〇時以降です。二〇代後半から三〇代の男性サラリーマン約一八四万人が、そんな働き方なのです。

ちなみに全年齢層についてですが、ＩＬＯによれば、日本では二〇〇〇年、週五〇時間以上働く労働者は二八％もいます。もちろん先進国中のトップで、次位は日本がなにかと「お手本」にしているアメリカの二〇％。ヨーロッパ諸国は、八〇年代半ば以降とみに新自由主義への傾斜をつよめたイギリスの一五・五％を別にすれば、すべて五％台以下です（ＪＩＬ‐ＰＴ、二〇〇五年③）。「五〇時間以上」がとくに調査される理由はほかでもありません、ＥＵでは「残業もふくめて週四八時間以内」というのが、しぶるイギリスをなだめながらやっと確立された共通規則だからです。

## 仕事のノルマ

息子や娘たちがせっかく就職できた職場で今にも倒れてしまいそうな過労とストレスの状態にある、そんなことを訴える家族の投書があとを絶たないことはすでに序章で紹介しました。しかしそのなかでも、「某大手電機メーカーでシステムエンジニア」をしている夫をもつ三三歳の妻（千葉県の会社員）の投書は、いろんな意味で引用に価する内容を備えています。

……帰宅は午前四時から五時。徹夜の日もあります。出勤は午前九時ごろ。休日出勤もあります。平日の残業は月二〇時間の定額制で、あとはサービス残業です。家族として夫を守るため、職場の責任者に直接クレームを入れようかとも考えました。でも、会社は「残業は強制しておらず、個人の裁量によるもの」という言い分かと思います。責任感がつよく、嫌といえない性格の夫は、明らかに自分の処理能力を超えた仕事が降りかかっても、断ることができず、過重労働を強いられています。インターネットで労働基準法に関するサイトを見ましたが、未払いの残業代を請求するためのアドヴァイスばかり。仕事を減らすよう会社と交渉し成功した例や、会社側に要求するための方法はありませんか……（『朝日新聞』二〇〇四年一一月二八日）

「お金よりも人間らしい生活ができるようなゆとりがほしい」と結ばれるこの投書がなによりも洞

察力に富む点は、ホワイトカラーは、ある種の自発的対応を喚起されながらも、結局はあらかじめ設定された過大なノルマの達成を強いられている、そこに長時間労働の根因がある──その「強制された自発性」の関係が明瞭に把握されていることです。だから彼女の場合は、まさに正鵠を射て「仕事量を減らすような会社との交渉」を模索することができたのです。そう、長時間労働の根因は、なんといっても割り当てられる仕事量（ノルマ）の重さなのです。長時間労働に関するＪＩＬ－ＰＴの最近の調査研究でも、二〇代と三〇代の社員は、「所定労働時間を超えて働く原因」の第一位に「所定労働時間では片づかない仕事だから」をあげています。選択肢一二項目の複数回答で六四～六五％。年齢平均でもこれが突出しているのですが、若手ではとくに比率の高いことが注目されます（ＪＩＬ－ＰＴ②）。

現時点の正社員の場合には、フリーターとは対照的に、仕事内容はかなり複雑で結構やりがいはあるけれども、ともかくノルマが多すぎてしんどいということが多いと思います。「即戦力」の成果主義がつよまるとともに、今では管理職や営業職はもとより、専門職や事務職にも、たいていはソフトな用語で「予算」とか「目標」とかよばれる広義のノルマが、作業チームにも個人にも課せられ、その達成いかんが報酬に影響を及ぼす程度もずいぶん高まってきました。その「自発的」な達成を事実上強制するような督励も次第に厳しくなっています。一定の利益率を前提にした売上げや契約の金額または件数というのが代表的ですが、取引先の拡張、発明や改善の提案件数、経費節減、自己研修による資格取得などがふくまれることもあります。いわゆる総合職的な業務ならほとんど全職種にわたって、入社早々の若手社員もこうしたノルマのくびきのもとで働くといってよいでしょう。かつて若者が売手市場だった八〇年代末頃には、シュウカツの場で「御社にはノルマとかありますか」と聞くリクルーターもいたそうです。そんなとき銀行などは「うちにはノルマはありませんが、どの会社にも目標というのはあるでしょう」と答えたといいます。今ではそんな大胆な質問をする応募者はおそらくいないでしょう。

## 社会問題としてのノルマ

ちなみに最近、新聞やテレビで報道され社会に衝撃を与えた住宅リフォーム会社「サムニンイーストト」の詐欺事件に少しふれておきます。

この会社は、毎日朝夕の会議で営業担当者の一人ひとりに目標の契約件数を、たとえば「四〇本!」（四〇〇万円?）とか大声で宣言させていました。高額契約が達成できれば月に一〇〇万円以上の収入も可能ながら、成績不振が続く営業マンは、みんなの前で「班長」から治療の必要な怪我をするくらい殴られています。このニュースの登場人物——詐欺容疑で逮捕された優秀営業マンも、殴られた受難者もすべて二〇代末の若者です（『朝日新聞』二〇〇五年七月四日）。こうした「労務管理」を背景に、成果主義を「時代の要請」として盲信させられた若者が孤立無援の老人を詐欺のターゲットにして襲いかかる、これはそんな事件でした。

なぜこんな極端な事件を引き合いに出すのか不思議に思われるかもしれません。ひとつには、この営業マンたちも、今の時代「勝ち組」になろうとあがいた若者のひとつの「労働」のかたちだからです。まったく例外的な犯罪と片づけられるでしょうか。そして今ひとつ、私は「ノルマ」のインパクトというものへの社会的関心をもっと喚起したいとかねがね思っているからです。

マスコミは、この事件と同様、たとえば兵庫県警の「事件でっち上げ」や明治安田生命保険の「不適切契約募集」のような「不祥事」が起こったときだけ、「ノルマ」というタームを使ってその弊害を公然と語ります（たとえば『朝日新聞』二〇〇四年六月三〇日、同二〇〇五年二月一九日）。ノルマとはもともと、ソヴィエトロシアがシベリア抑留者に割当てた強制労働の作業量という語源をもっている、一種すさまじい言葉です。けれども、ノルマは、呼び方はもっとソフトで決め方はもっと「自発性」をふくみもつとはいえ、実質的には有名企業をふくむほとんどすべての会社に厳存して、労働者の仕事のありようをつよく、つよく規定しています。たとえばサービス残業の背景にはほとんどかならず、強制された自発性を通じての過大なノルマ設定があると言っていいでしょう。それから、この文脈では、先の投書もふれていますが、多くの会社が違法残業の告発をまぬかれるために、営業社員などに月二万円ほどの営業手当を付けるかわりに一切、残業手当を支払わないような制度を活用していることも忘れられてはなりません。

話を戻します。過大なノルマは、直接的に大きな心身の疲労を招くとともに、間接的にも、休みもなかなかとれない長時間労働をもたらすことによって、若手正社員のかなりの層を職場に定着できなくする大きな原因となっています。くどいようですがさらに、多くの若者がサービス職として働く典型的な職場、「マック仕事」ファミリーレストラン（ファミレス）の状況を紹介しましょう。

## ファミレスの職場

一九九九年秋以来、私は現代日本のさまざまの職場の問題を、そこで実際に働いている人に実態を聴きながら考えてゆく研究会、「職場の人権」を主宰してきました。最近では若者の労働問題をテーマとすることが多く、この本のアイデアもそこでの討論から得ていることが多いのですが、二〇〇一年五月には、一九九八年に大学を出てデニーズジャパンに「店長候補」として入社した若者（Sと呼んでおきます）から職場の状況をくわしく聴くことができました。

ファミレスは非正規労働者の比率の高い職場です。たとえばSの働いていた大規模店では、正社員は店長、副店長、調理主任（S）の三人で、パートとアルバイトは三九人、うち七人はフリーターでした。営業時間は二〇〇〇年頃、午前七時から翌朝二時まで。午前中は主婦パートと高校中退者や高卒・短大卒を主力とするフリーター、夕方は学生アルバイトとフリーター、深夜は学生、フリーター、そして家事を終えた主婦の混成軍で働きます。正社員になっているのは、卒業してそのファミレスに就職した若者です。

非正規労働者は働く時間帯を選べます。しかし少数の正社員は、たとえば午後九時から翌朝六時まで、次は翌々日の午前六時から午後三時までといった勤務時間です。店の規模にもよりますが、とくに小規模店では正社員はふつう接客、調理、食器洗いなど非正社員と同じ仕事をしています。けれども、役付でもある正社員はこのほか、その役どころにしたがって食材の在庫・鮮度・衛生の管理、顧客の苦情処理、パートやアルバイトの出勤管理、欠勤者の穴埋め、チームメンバーの「教育訓練」と「格付け」など、多様な責務を果たさなければなりません。そのうえ店長は、それらすべてを統括するとともに、なによりも「昨年以上の利益をあげる」という予算上の責任を課せられているのです。そしてその店長の実績いかんは、店をまわってくるスーパーバイザーの容赦ない査定にさらされ、店長の収入、次の配置の明暗、ひいては彼ら、彼女らの「将来」を大きく左右します。

そんなこともあって、責任とされている事柄の事情によっては、決まっている時間に退勤できないことも日常茶飯事です。ファミレスの大卒正社員は数年たらずの勤続で店長に「出世」することも多いのですが、その仕事は端的に言って過酷です。離職率も高く、その離職がそこで働き続ける若者の仕事量をいっそう増やす関係も認められます。彼ら、彼女らには、店の事情にかかわらず定時に帰宅できる低賃金のパートやフリーターがときに羨ましくもみえるでしょう。フリーターも、疲れた顔でサービス残業する正社員を見て、ここの正社員になんかなりたくないと思うようになることもしばしばです。

ファミレスやファストフードで働く若手社員の受難の記録はつきません。デニーズの調理主任Sは、入社二年目に過労のさなか重量物運搬の際、腰椎間板ヘルニアで倒れ、「私病扱い」しようとする会社との難航をきわめた折衝の末、ようやく労災は認定されたものの、会社はその後もリハビリ勤務や療養休業を認めずSに退職を迫っています。関西労働者安全センター、日本労働弁護団、名古屋ふれあいユニオンなどの支援を得て働き続ける権利は危うく確保されました（以上、職場の人権、二〇〇一年）。けれどもSは、結局、デニーズで勤務を続けられるような配置を獲得することはできなかったのです。過労死・過労自殺するまで働かなくてよかったというべきでしょうか。

「過労死一一〇番」の電話相談などには、夜一一時過ぎに帰宅、朝七時に出勤といった勤務を重ねた「外食」産業の三〇代の店長が、失踪後、「一生寝たい」と書き残して自殺した例などが報告されています（川人、一九九八年）。過労死ではありませんが、こんな事件もあります。二〇〇四年二月一三日、兵庫県明石市の「ラーメン2国土山店」で二六歳の店長・竹元理が喉を切られて殺害され、売上金約一〇〇万円が奪われました。犯人は借金を抱えていた同店従業員の若者（一八歳）でした。開店時間は午前一一時から午前三時までですが、竹元店長は閉店のあと、ひとり調理場で翌日分の仕込みをしていた未明に襲われています（『朝日新聞』二〇〇四年二月一三日／二六日）。この不遇の店長の勤務時間と責務はまったく例外的なものでしょうか。

ファミレスやファストフードは明るい雰囲気で、若者たちが顧客ににこやかに声をかけながら屈託なげに働いていています。親しい友人もなじみの顧客も見つけられるでしょうし、よく流行って忙しい方がむしろやりがいも生まれるでしょう。少なからぬ若者が好きになりそうな仕事です。けれども、アルバイトとしてはともかく、多くの若者を吸収するこの今様の産業は、長く働き続けられる職場でしょうか。

## 職場の雰囲気

若者正社員の離職率が高まる原因として、最後に職場の人間関係の緊張ということにも注意しておきたいと思います。

たとえば、近年では、就職した卒業生はよく「上司がこわい」といいます。これは会社や上司の性格にもよるでしょうし、なかなか数値化できないことがらではあります。しかしこれももちろん、前述の過重なノルマと深い関わりがあることは否めません。全体として「成果主義」が強化されるなか、仕事がよくできているかどうかを査定される程度や頻度が高まっていますので、その査定担当者たる上司の眼がこわいのです。しかしこの際もっと大切なことは、中間管理職たる上司自身がチームの業績というノルマを背負っていて、より上位の職制からつねにきびしく査定されているゆえに、チームの目標業績の達成に思うように協力できない部下にどうしても日々つらく当たることになるのではないかと推測されます。住宅リフォームのサムニングループのようなやくざな企業はたしかに例外的でしょうが、上司が個人割当てのノルマ達成が不十分な人を「やる気あるのか」と絶えず叱正したり同僚みんなの前で謝らせたり……といったことはよくあります。「愛の鞭」と言えば言えぬわけではありませんが、どちらかといえば上司自身のいらだちが部下に向かっているのです。

また、「人材育成よりは即戦力の成果主義」という路線は、もちろん処遇を個人別に異ならせ、昇給や昇格を若いときから選別的にしますから、同僚との関係もしばしば気の抜けないものになりがちです。もちろん、いくつかの職場では、若手社員たちは仕事の悩みを語り合うことのできる「同期」の友人を見つけることができるでしょう。それができるのは能力・成果主義的選別がまだそれほどきつくないグループ、どちらかといえば男性よりは女性、ヴェテランよりは入社早々のスタッフのように感じます。けれども、やがてはこの選別がつよまってくるでしょう。そしてここに不幸なことは、能力主義・成果主義による選別は、その不成功を「自分自身のせい」と考えさせる側面をまぬかれがたくもつことにほかなりません（熊沢、二〇〇三年）。それゆえ、隣の机のなかまと助け合う気風はなかなか育つことなく、労働時間とかノルマなどにみる労働条件のきびしさや、みずからの処遇の不十分さにたいする不満は、制度および上司へのプロテストに向かうことなく、ひたすら鬱屈やストレスとして蓄積されがちなのです。

こうしていま、職場でのメンタルクライシスは「成長株」の社会問題として浮上しています。労務行政研究所はじめての「社員のメンタルヘルス」に関する企業アンケート調査（二七六社回答）では、「心の病」を抱える社員はここ三年間、企業の五二％で増加していますが、とくに目立つ年代は三〇代の三九・六％、ついで二〇代の二七・六％でした（『朝日新聞』二〇〇五年五月一七日）。類似の情報をあげると、労働調査協議会の調査では、二〇代前半〜三〇代前半の男女若手社員五二〇〇人の七割近くが「仕事や人間関係にストレス」を感じ、過半数が、今の生活が続くと「生活習慣病になる」と答えたといいます（『朝日新聞』二〇〇四年六月一六日）。

同年、社会経済生産性本部が行った新入社員男女三八〇〇人調査も興味ぶかいものがあります。そもそも新入社員の三五％が「フリーターになってしまうかもしれないと思った」、二一％が「別にフリーターでもかまわないと思った」という次第なのですが、さて今、その彼ら、彼女らの半数近くは今の会社で働くかどうかは「状況次第で変わる」とクールに考えており、実に三一％は「フリーターになる可能性がある」と答えているのです（『読売新聞』二〇〇四年六月一八日）。要するに若手正社員たちは今、みずからのステイタスを、フリーターと隔絶したものとは考えていないようです。

## ひとつのまとめ

この章で私が強調したことは、正社員の求人減少・正社員の採用抑制を根因とする若年労働市場の困難な状況、つまり就職難もさることながら、それ以上に、不本意就職の増加、有期雇用の非正規労働者を活用する雇用管理の一般化、与えられる仕事の貧しい内容などによる離職率の高さでした。これらのいくつかは、どの雇用形態の若者にもあてはまることとはいえ、どちらかといえばフリーターに色濃い離職理由かと思われます。けれども、すでに示しましたように、離職する正社員の数は、パートやアルバイトの場合とさほど変わりません。私は、せっかく得た正社員の仕事もかなりの比率の若者がほどなく辞めてしまう、その原因をとくに重視する立場から、休暇取得の不十分さを伴う長い労働時間、それを不可避にする過重なノルマ、そこにまつわる人間関係の緊張、それらのベースとなっている成果主義「即戦力論」をもって選別をはかる労務管理の論理などを、いささか執拗に論じました。

現時点の若者は確かに、企業のきびしい要請に対する忍耐性においてはハングリーな時代に育った旧世代に劣るかもしれません。しかし、豊かな時代に成長した若者が、休みの取れないほどのゆとりの欠如やサバイバル的な競争ムードを忌避する感性をもつとすれば、それは絶対に擁護されるべきです。責任は「勝ち組、負け組」の分化を公認する政策思想や、今や「なんでもあり」の観を呈する労務管理のほうにあるといわねばなりません。

要するに、いったんは正社員になった若者たちも、かなりの比率で、こんな職場状況のなかで「燃えつき」なければならないのなら、正社員ステイタスなんて「なんぼのものか」と考えるようになっているのです。すなわち正社員の離職理由とフリーターやニートが増える原因とは、それほど異なるものでないばかりか、相互補強的でさえあります。たとえば、ニートといえば私たちは、職業生活に入ってゆくことをはじめからためらっている若者のことを思い浮かべがちですが、小杉礼子の『就業構造基本調査』の再集計によれば二〇〇二年、ニートのうち就業経験のない者の比率は男性で五八％、女性で五六％（社会政策学会報告資料）です。私にはむしろ、男性で四一％、女性で四四％は、「常用雇用」（正規雇用および臨時雇いとか日雇いではない非正規雇用）の体験をもつということが印象的です。すなわち、いったん入った職場のほうに、彼ら、彼女らをニートに追い込むかなりの原因がひそむと考えられるのです。それゆえ、主としてフリーター・ニート問題という文脈で語られる若者労働論が、学校から職場への「トランジションの困難」を重視するあまり、正社員の離職理由としての労働現場の状況を視野の外におくとすれば、それはまったく不十分というほかはありません。

このようにフリーターの増加と正社員における職場への定着の不十分さとの相互補強関係をもたらすような、若者たちの労働市場と労働現場の状況は、もちろん長期的には社会全体に深刻な影響を及ぼします。次章以降では、この影響の諸相を検討してゆくことにしましょう。それに、若者自身のこの時代の労働環境への適応の仕方もやはり、一定の批判をふくめて検討されなければなりません。

もっとも私はこれまで、若者離職のジェンダー格差についてほとんど論じることができませんでした。そこで、次章に入る前に少しだけ言及しておきます。

正社員の場合でも、女性にくらべれば男性はなお、配置においてラインや営業の第一線に配属される可能性が高く、したがって早期からノルマ、残業、転勤などの要請は相対的にきついようです。したがって男性は仕事のやりがいという点ではよりがんばれる余地があるともいえますし、「男は稼がねば」という伝統的規範の役割もあって無理を重ねがちでもあります。それだけに彼らが離職してフリーターやニートになるときは、しばしば「もうもたない」「燃えつきてしまった」という負の感情を引きずりがちです。彼らの男性規範が不幸にして「負け組」意識をつよめているわけです。

一方、女性はといえば、ジェンダー的な職務分離のなか、責任を与えられない、手応えある仕事に恵まれないという不完全燃焼の気持もあって、結婚や出産を迎えて従容として辞めてゆく人がなお後を絶ちません。女性は性別役割分業を、性別職務分離を通して「教育」されるのです（熊沢、二〇〇〇年）。しかしそれだけに、彼女らは今のところ、正社員でなくフリーターや派遣社員に転じることを「負け組」になると受けとめる考え方からは、男性より自由だとはいえるでしょう。この対応は主婦パートとして再就職するときにも引き継がれています。もっともこのような性による対応の相違はもちろん、今じりじりと変わりつつあるといえましょう。

# 2章　状況のもたらす社会的影響

## 1　少子高齢化の加速

およそ一九八〇年代末ごろまで、日本の若者のほとんどは、学校を卒業するとまず順調に企業社会に入ってゆきました。もちろん学歴や学業成績のちがいによって、就職する企業規模や職種は明暗さまざまに異なっています。また、八〇年代には、こうした順調なトラックを走ることを拒んで、もう少しフリーターとして糊口を凌ぎながら「自分探し」を試みる若者も現れています。しかし圧倒的な多数者、とりわけ男性は、なんらかの企業に正社員として入社し、そこで補助労働、単純労働から徐々に管理的、企画的な職務へとキャリアー展開を遂げ、それなりに昇格・昇給を得たものです。日本企業伝統の人材育成の理念は、まさにこうした歩みを励ますものでした。この歩みは同時に「会社人間」の心得を身につける過程でもあったとはいえ、それが日本の男性が生活者として成熟をとげる典型的なかたちであったことは間違いありません。そして、総じてキャリアー展開がむつかしく、いったんは退職を余儀なくされてきた女性たちの多くも、この典型的な生活者を配偶者として家庭を営んできたのです。

これまで述べてきた若者労働の現況は、端的にいって、この従来型の生活者としての成熟に頓挫する若者が増えてきたということを明瞭に示しています。この点での「不成功者」の輩出は、では、社会的にはどのような影響を及ぼすでしょうか。

### パラサイトシングル

まず素朴な事実ですが、若者労働問題の波頭というべきフリーターや無業者の増加は、親からの経済的自立を果たすことができない人びとを増加させています。ここから、さしあたり親の経済力に依存して生活する、いわゆる「パラサイトシングル」が輩出するわけです。

前章に紹介しましたようにフリーターの年収は調査対象によって実にさまざまですが、少なくとも平均で二〇〇万円には到らないとはいえます。『平成一四年　就業構造基本調査』では、年齢階級の区分は不明ながら、「フリーター」に近いと思われる「アルバイト」の年収について、男性の六九％、女性の八四％が「一五〇万円未満」に、男性の二七％、女性の一四％が「一五〇万円から二九九万円」に収まってしまうことが算出できるからです（熊沢、二〇〇五年）。いまかりに「一人で生活する」

には最低年収二五〇万円は必要と考えますと、まずフリーターは自活できないのです。

親と同居するとなると、都会では決定的に負担の重い住宅費が不要になり、たとえ消費などのために月五万円を「家に入れる」としても収入の半分以上は若者の手に残ります。若者は低賃金であっても、「こだわりたい」衣服、小物、娯楽、それに決して馬鹿にならない「ケイタイ」の費用などをとりあえず賄うことができるでしょう。この「一点豪華主義」がとりあえず大きな自足をもたらしています（若者は本当にこの「とりあえず」という表現が好きですね）。それにパラサイトにはまた、週日にはほとんど時間のない独身の正社員男女が、母親の働きによって家事から「解放」されるという意外な「メリット」もあります。では、親の反応はどうでしょうか。

ここには福祉国家・福祉社会の日本的性格というものがふかく関わっています。私には、この領域に立ち入った考察のできる能力と準備がありませんが、日本は伝統的に租税や社会保険料の負担が大きくない――家計の可処分所得の割合が高い――かわりに、若者たちへの教育、職業訓練、就職斡旋、失業手当・求職手当、住宅供給などの公的サービスと公的支援がきわめて弱い国だったといえるでしょう（宮本、二〇〇五年）。一八歳になれば若者は基本的に親の庇護を離れることを前提にして、教育・訓練・就職・生活資金を国家の責任として若者に保障しようとする、たとえばスウェーデン（JIL-PT、二〇〇三年）などとは違います。では、これまでの日本では、それらの責任は誰によって担われてきたのでしょうか。子弟が自立するまでのあいだ養育費をまかなえるような年功賃金を男性サラリーマンに支払う企業、そのなかでまじめに働いてしかるべき貯蓄も用意する家庭、そして高校レベルを中心に卒業生を企業の求人需要にうまく引き合わせてきた学校です。

この三者のうち、企業は従来の社会保障を代替するような色彩を帯びた処遇方式の見直しに転じ、それとともに学校の就職斡旋機能は無力化しつつあります。残るのは家庭です。家庭は実のところ、やはり企業社会の変化のインパクトを受けて十分に稼げない若者を抱擁する力を失いつつあるとはいえ、なお「愛情」ゆえに無理をせざるをえないのです。国家の若者への公的支援・サービスは、これまでそれを代替してきた企業や家庭のありようの変化に即応して頼もしく台頭してくるとはいえないからです。

## ゆとりと緊張

パラサイトシングルは、この端境期の「無理」の産物です。とはいえ、この無理は、高度経済成長期をがんばり抜いてきた父親にとってはさほどではないかもしれません。総務省『平成一五年　家計調査年報』によれば、日本の家庭の平均貯蓄残高は、最近は漸減ぎみとはいえ二〇〇三年、全世帯で一六九〇万円、勤労者世帯で一二九二万円でした。諸外国とくらべて相当高い水準だと思います。それに貯蓄額は世帯主の年齢が五〇代後半から六〇代前半にかけて高まります。勤労者世帯の平均貯蓄額は、世帯主が五〇代の場合一六五九万円、六〇代の場合二三三二万円ですから、一般論として、いま二〇代後半のフリーターの父親の世代では一応ゆとりがあるはずです。一定のゆとりがあれば、息子や娘がパラサイトしていても、「こんな時代だから……」と暖かく見守る気持にもなるでしょう。「友達親子」としてのコミュニケーションが楽しいという場合もあります。まして両親にジェンダー規範が根づいている場合には、女性に経済的自立を期待する度合いはそんなにつよくありませんから、とりわけ娘のパラサイトにはそれほどいらいらしないでしょう。

けれども、これはパラサイトという事態の反面にすぎません。そもそも貯蓄の平均額などにあまり意味はなく、〇三年の同調査では、全世帯の五〇％、勤労者世帯の五九％は貯蓄額一〇〇〇万円未満でした。また、二四％（勤労者世帯では四〇％）は六〇〇万円未満、二三％（同二九％）は四〇〇万円未満、そして二〇〇万円未満も一三％（同一七％）なのです。貯蓄のわずかな家庭は一般に世帯主の年収も高くありません（以上、総務省、二〇〇四年②）。すなわち、パラサイトを暖かく見守れる家庭はそう多くないのです。それになによりも、いま五〇代半ばの「団塊の世代」、パラサイトする若者の親たちは数年ほどで定年退職を迎え、再就職するにしても収入は大幅に減少します。そのときこれまではさほどでなかったパラサイト問題は、あらためて一挙に深刻化するはずです。

今でも、年収は三五〇万円たらず、貯蓄もそれくらい、就学中の弟妹もいるといった家庭、あるいは父親はすでに年金生活者といった家庭で、三〇歳前後の長男がフリーターやニートのままであれば、家族の人間関係はまことに緊張をはらんだものになるでしょう。些細なことから口論となり、その過程で「定職に就いていない」ことを責められ、やり場のない怒りから母親を刺殺してしまった、そんな事件（たとえば『朝日新聞』二〇〇五年七月一四日）は決してまれではありません。

## 非婚と晩婚——フリーターの場合

若者労働問題がパラサイトシングルの傾向を高めるとすれば、それはもちろん、近年ひときわ問題視されるようになった㈠非婚または晩婚、ひいては㈡少子化にもふかくかかわっています。いわゆる「トランジション問題」には、学校から職場への移行の困難ばかりでなく、シングルから家族形成への移行の困難も含まれているのです。前者から考えてみましょう。

表２－１は、このあたりの諸事象を総合的にみるのに便利です。生涯未婚率と初婚年齢と第一子出生年齢のほぼ一直線の高まりが明らかでしょう。未婚率を年齢別にもうすこし細かくみますとすでに二〇〇〇年、二〇代後半では男性の六九％、女性の五四％、三〇代前半では男性の四三％、女性の二七％が未婚でした。三〇代後半でも、男性の二六％、女性の一四％は結婚していません（『男女共同参画データブック二〇〇三』）。そしてこれら非婚や晩婚の傾向がさらに進行中であることは、最近の新聞報道からわかります。

二〇〇五年の朝日新聞のモニター調査では、既婚者が八割を占める回答者の三九％が「結婚しない生き方」を「理解できる」、三八％が「どちらかといえば理解できる」と答えています。その理由の

**表2-1**　出生率，未婚率，平均初婚年齢・出生年齢の推移

| | 出生率（人） | 未婚率（%） | | 平均初婚年齢（歳） | | 平均出生年齢（歳） | |
|---|---|---|---|---|---|---|---|
| | | 男性 | 女性 | 男性 | 女性 | | 第1子 |
| 1955年 | 2,369 | 1.18 | 1.46 | 26.6 | 23.8 | 28.85 | 25.11 |
| 1960 | 2,001 | 1.26 | 1.87 | 27.2 | 24.4 | 27.87 | 25.61 |
| 1965 | 2,139 | 1.50 | 2.52 | 27.2 | 24.5 | 27.70 | 25.89 |
| 1970 | 2,135 | 1.70 | 3.33 | 26.9 | 24.2 | 27.75 | 25.82 |
| 1975 | 1,909 | 2.12 | 4.32 | 27.0 | 24.7 | 27.46 | 25.66 |
| 1980 | 1,747 | 2.60 | 4.45 | 27.8 | 25.2 | 27.75 | 26.07 |
| 1985 | 1,764 | 3.89 | 4.32 | 28.2 | 25.5 | 28.28 | 26.52 |
| 1990 | 1,543 | 5.57 | 4.33 | 28.4 | 25.9 | 28.95 | 27.16 |
| 1995 | 1,422 | 8.99 | 5.10 | 28.5 | 26.3 | 29.39 | 27.76 |
| 1996 | 1,425 | — | — | 28.5 | 26.4 | 29.51 | 27.88 |
| 1997 | 1,388 | — | — | 28.5 | 26.6 | 29.57 | 27.94 |
| 1998 | 1,384 | — | — | 28.6 | 26.7 | 29.62 | 27.98 |
| 1999 | 1,342 | — | — | 28.7 | 26.8 | 29.64 | 27.99 |
| 2000 | 1,359 | 12.57 | 5.82 | 28.8 | 27.0 | 29.65 | 28.00 |
| 2002 | 1,319 | — | — | 29.1 | 27.4 | 29.69 | 28.12 |

＊金融広報中央委員会『暮らしと金融 なんでもデータ』（平成16年度版）より。
原資料は国立社会保障・人口問題研究所『人口統計資料集』（2004年版），以下，脚注。
1.「出生率」は合計特殊出生率（15歳から49歳までの女子の年齢別出生率を合計したもので，1人の女子が仮にその年次の年齢別出生率で一生の間に生むとした時の子どもの数）。
2.「未婚率」は生涯未婚率であり，平均未婚率とは異なる。
3.「平均出生年齢」は，その年中に出産をした女性の平均年齢を示す。また「第1子」とは，このうち第1子を出産した女性の平均年齢を示す。いずれの計数も国立社会保障・人口問題研究所が年齢別出生率を基に算出したもので，出生数を用いた平均年齢とは異なる。
4. 1970年以前は，沖縄県を含まない。

主なものは、順を追って①「仕事や趣味に没頭できる」、②「時間やお金が自由」、③「結婚しなくてもパートナーや家族はもてる」、④「家族への責任がなく気楽」です（『朝日新聞』二〇〇五年四月三〇日）。年齢別、性別の回答の違いがわからなくて残念ですが、ここには、結婚についての日本人の理念よりは、既婚者が現実に感じている「責任感」の重さや鬱屈、それに従来の規範から自由なパートナー観（理由③）のたしかな台頭が表現されているように感じます。ともあれ、若者に「結婚すべき

**表2－2**　若年男性の結婚率と年収などの関係
（02年時点，年収の単位は万円，結婚率は％）

| | 25～29歳 | 30～34歳 |
|---|---|---|
| 有業者全体 | 32.4 | 57.2 |
| （うち年収別） | | |
| 100～　149 | 15.3 | 29.6 |
| 150～　199 | 17.4 | 34.0 |
| 200～　249 | 22.8 | 40.8 |
| 250～　299 | 26.3 | 42.3 |
| 300～　399 | 35.6 | 52.9 |
| 400～　499 | 43.9 | 62.5 |
| 500～　599 | 52.7 | 71.0 |
| 600～　699 | 57.6 | 78.9 |
| 700～　799 | 52.2 | 76.6 |
| 800～　899 | 50.8 | 74.3 |
| 900～　999 | 42.3 | 65.1 |
| 1,000～1,499 | 72.5 | 71.1 |
| 1,500 以上 | 73.9 | 90.0 |
| （雇用形態別） | | |
| 正社員（役員含む） | 34.7 | 59.6 |
| 非正規雇用（パート・派遣など） | 14.8 | 30.2 |
| 自　　営 | 47.9 | 64.5 |
| 無業者全体 | 7.5 | 15.8 |

＊『朝日新聞』2005年8月3日。
JIL-PT 調査，原資料は『平成14年 就業構造基本調査』。

だ」と迫る社会規範はきわめてよわくなっていて、若者の非婚・晩婚の理由は労働研究ではつくせない社会的な広がりをもっているといえましょう。

しかしながら、若者労働問題の現状は、若者が家庭を形成したいと願うとき、やはり大きく選択を左右しています。二つのルートが考えられます。

一つは、フリーターなど非正規労働者の雇用不安定や低収入が結婚を難しくする関係です。この文章を書いているとき、やはり『就業構造基本調査』を原資料とする労働政策研究・研修機構のまとめに好個の調査結果を伝える新聞報道がありましたので早速、紹介することにしましょう。主な結果は表2－2にまとめられています。

ほとんど解読する必要もないくらいです。ここには男性が結婚を具体的なプランとする二〇代後半、三〇代前半というふたつの年齢時点ともに、結婚率があまりにも素直に年収と相関していることにあらためて驚かされます。要するに、男性の場合、経済力が結婚と非婚を分けているのです。年収七〇〇万円～一〇〇〇万円という豊かな階層での傾向のぶれはおそらく、高賃金の女性のビヘイビアに似て、そこまでくると「窮屈な妻帯」を避けてもさして不便はないと考えられるからでしょう。三〇代前半、正社員の結婚率六〇％にくらべて、非正規雇用の結婚率はおよそ半分の三〇％、同世代の無業者のそれは一六％にすぎないこともきわめて印象的です（『朝日新聞』二〇〇五年八月三日）。もちろん、若者が結婚を決めるのはお金だけではありません。フリーター男女の収入を合算すればやってゆけないこともありません。好きな人がいるならとにかく結婚してみなよと言いたい気持ちも、私にはあります。しかし、極端な低収入では、「立ち上り資金」、とくに住宅の用意は難しいし、滑り出しても日常生活では「時間やお金が自由」になりません。

この表では、未婚率が五〇％を超えるのは、二〇代後半の年収五〇〇万円未満までと三〇代前半の年収三〇〇万円未満までです。しかし、資料は省略しますが、女性では、二〇代後半の高い未婚率が、年収二〇〇万円から高位所得層までに及んでいて、この年代で未婚者の少ないのはむしろ収入一〇〇万円未満です（山田、二〇〇四年）。大胆にいえば、一人で生活できない女性が結婚に積極的で、一人で生活できる女性は結婚に消極的なのです。

## 非婚と晩婚——正社員の場合

もう一つ、では、正社員なら容易に結婚に踏み切るかというと、この層でもそれなりに非婚と晩婚の傾向が進んでいると思います。

前章でくわしく述べたような現時点における正社員の労苦を前提としましょう。男女とも二〇代前半までは、会社のきびしい要請についてゆくのがせいいっぱい、たまの休日に恋人と会うのは楽しいリフレッシュではあれ、とても家庭を営む「責任」を負う気になれません。将来もこの仕事を続けられるかという不安もあります。しかし、働きすぎと選別に耐えて二〇代末、三〇代はじめを迎えると、ふつう男性正社員は惹かれてきた「彼女」との結婚を望むようになるでしょう。成人男性のパラサイトはどうしても肩身が狭いもの。会社のきびしい仕事から一応は自由な、日常的なゆとりと安らぎの場を求めるのは自然な成り行きといえましょう。

しかし、ここに立ちはだかる問題は「彼女」の側の対応です。正社員男性が結婚したいと考える恋人は、多くの場合、同じ会社、別の会社でやはりゆとりのない働きかたをしています。また今では彼女らのほぼ四〇％は、少なくとも理想としては「継続して働き続ける」ことを希望しています。また、執拗な性別職務分離のなかにあっても、仕事にやりがいを感じ始めている女性は確実に増えています。そんな「男女共同参画」の時代にはなりました。

働きすぎの時代だからこそ、あたかもパラサイト時代の母親のように妻に身のまわりの世話をしてほしい、そう願う男性はまだまだ多いと思います。男性サラリーマンが、家事を分担しないことを会社から叱られることはありません。けれども、仕事でも「輝く」ことを求める女性は、ある意味では男性以上に職場でがんばることを会社から要請され、主体的にもそう望むようになっているのです。だから、結婚することが仕事にエネルギーを発揮することの妨げになるなら、「彼」への愛情はともかく、結婚は避けたほうが無難だと思うでしょう。総合職のコースを歩むような女性ほど、一方では、仕事量や労働時間に関する会社の要請は甘くないゆえに、「夫も妻も仕事も家事も」という新しい結婚生活を確実に展望することがむつかしく、他方では、「彼」のジェンダー意識克服の程度もそれほどは高くないのでは……と感じているものなのです。それに一定の収入があれば、「負け犬」なんて陰口さえ無視できれば、形式上のシングルのほうが、「主婦」よりもはるかに自由で孤独でもないでしょう。

### 少子化の背景

非婚・晩婚は、多くの場合、福祉国家の将来を揺るがせる「少子化」の議論の前段として語られています。ある意味で現時点の最大の問題ともいうべき少子化については、あまりに多くの関係官庁や専門家による解説と資料提示がありますから、素人の私としては、合計特殊出生率が一九七三年以来ほぼ低下の一途をたどり、八〇年代には人口置換水準の二・一も下まわって、二〇〇三年には一・二九に達したこと、先進七カ国のなかでこの水準をしのぐのはイタリアのみであること（厚労省、二〇〇四）を紹介するにとどめましょう。最近発表された〇四年の数値は一・二八九という史上最低の水準でした。

非婚・晩婚化と少子化との間には、いわゆる「できちゃった婚」の動向とか、日本では「未婚の母」や「シングルマザー」がきわめて少ないことの評価とかの論点があって、このふたつは同じ問題ではありません。しかし、非婚・晩婚が少子化の最大要因のひとつであることはおそらく疑いを容れないし、以上に述べた非婚・晩婚にとっての若者労働問題のインパクトは、多くの点で少子化にも当てはまります。それゆえここでは、子どもをもつことに固有の問題だけをつけくわえることにします。

フリーターなど非正規労働者の女性が、結婚しても子どもをもちたくない、二人目は産みたくないと考えるのは、なによりも経済的な育児能力に恵まれないからでしょう。正社員女性の場合には、すでに結婚の選択の際に突き当たった「仕事との両立」が危ういからでしょう。「両立」の困難は、サービスの多くを買うことのできる炊事、洗濯、掃除といった狭義の家事の場合にはまだしも、育児ではひときわです。もちろん育児休業はありますが、仕事はおもしろいけれど会社からの要請もきびしい総合職的、専門職的な職務ならばよけい育休はとりにくく、取得率は平均して七割を超えません。また、職場に復帰してからも突発的な残業や休日出勤があったりして、結局、続けてゆけないこともままあります。まして二人目なんてとても！　と彼女らは言います。結局、結婚しないという選択と実質的にはあまり変わらないＤＩＮＫＳ（Double Income No Kids）が、「両立」できる「自由」な選択なのです。

そんなところから、近年ようやく、少子化の背景としての職場の労働問題が注目されるようになりました。政府も企業も、ワーキングマザー支援策として、育休の期間延長、短時間勤務の許容、男性の育休取得奨励、あるいは児童手当などの対策を打ちだしています。けれども、九〇年代以降の日本企業の風土をなしている中核社員の長時間労働、過度のノルマ設定、従業員評価の仕組みなどは手つかずですから、効果は不確かなのです（熊沢、二〇〇三年）。後にまたふれますが、若者のフリーター化や高離職率について、対策論が企業労務の現実への鍬入れを等閑視するのと同様、少子化についても、対策は「標準」とみなされる社員の長時間問題などを素通りしているかにみえます。

長時間労働は、主婦やパートタイマーになって育児を一手に引き受ける女性の「二人目」の選択にも深くかかわっています。夫が仕事のためほとんどまったく育児に協力できない二〇代〜三〇代前半の妻は総じて、避けがたい育児のトラブルのすべてに、ときには朝の七時から深夜まで一人で対処しなければなりません（たとえば高槻市に住む三〇歳のパートタイマーの投書。『朝日新聞』二〇〇三年一〇月一一日）。その心労とストレスは、責任を他の誰にも転嫁できないだけに本当にきついといえましょう。ここでも、二人目なんてとても！　なのです。ちなみに育児責任を一人で担う主婦のノイローゼと男女労働者が職場生活のなかで感じるストレスとは、いまともに深刻な社会問題と意識されるようになりましたが、その原因は案外、共通のものなのかもしれません。

## 少子化＋非労働力化

少子化は、平均寿命の高まりとあいまって、必然的に少子高齢化社会をもたらします。その進行が経済社会に及ぼす長期的なインパクトもやはり無視できません。

たとえば企業内では従業員の平均年齢が高くなります。そこに若者の正規雇用を抑制する労務管理が加わりますと、技能やノウハウを伝承された若手が定年退職によって失われる人的資源を十分に補えない事態も生じかねません。とくに若者の雇用と職場への定着が乏しくなっている製造業での「技能伝承」の危機は、パラサイト問題と同様に、「団塊の世代」が退職する数年後、きわめて深刻化すると指摘されています。

けれども、経済社会にとって企業内の生産性のゆくえ以上にしたたかなボディブロウになるのは、目前の若者労働問題に加速されるかたちで、少子高齢化が所得を生みだす労働に携わらない人、つまり非労働力人口の比率を高める可能性をはらむからです。無業者の比率が高くなるということは、すなわち所得税や社会保険料の納入者が減り、これと対照的におそらくは社会保険給付の受給者が増えるということにほかなりません。

年齢階層別労働力率の推移を資料で確かめておきましょう。一般に労働力率は、①広義の家事労働

表２‐３　性・年齢階級別の労働力率

（単位：％）

| | 年齢計 | 15～19歳 | 20～24歳 | 25～29歳 | 30～34歳 | 60～64歳 | 65歳以上 |
|---|---|---|---|---|---|---|---|
| 男女計 | | | | | | | |
| 1975年 | 63.0 | 21.1 | 71.1 | 70.1 | 71.0 | 56.9 | 27.9 |
| 1985年 | 63.0 | 17.0 | 71.0 | 75.2 | 73.8 | 53.7 | 24.3 |
| 1995年 | 63.4 | 17.0 | 74.1 | 81.7 | 75.9 | 56.7 | 24.5 |
| 2004年 | 60.4 | 16.3 | 68.8 | 84.3 | 79.3 | 54.7 | 19.8 |
| 男　性 | | | | | | | |
| 1975年 | 81.4 | 20.5 | 76.5 | 97.2 | 98.1 | 79.4 | 44.4 |
| 1985年 | 78.1 | 17.3 | 70.1 | 95.7 | 97.2 | 72.5 | 37.0 |
| 1995年 | 77.6 | 17.9 | 74.0 | 96.4 | 97.8 | 74.9 | 37.3 |
| 2004年 | 73.4 | 16.3 | 68.5 | 94.0 | 96.6 | 70.7 | 29.2 |
| 女　性 | | | | | | | |
| 1975年 | 45.7 | 21.7 | 66.2 | 42.6 | 43.9 | 38.0 | 15.3 |
| 1985年 | 48.7 | 16.6 | 71.9 | 54.1 | 50.6 | 38.5 | 15.5 |
| 1995年 | 50.0 | 16.0 | 74.1 | 66.4 | 53.7 | 39.7 | 15.6 |
| 2004年 | 48.3 | 16.3 | 68.9 | 74.0 | 61.4 | 39.7 | 12.9 |

＊総務省『労働力調査』（各年）より作成。

の社会化、②専業主婦のパートタイマー化、③定年退職後の高齢者の再就業などによって高まり、④若者の進学率の向上、⑤求職中の完全失業者を除く無業者、若者でいえばニートや就業していない期間のフリーターなどの増加、⑥身体的にももう働けない後期高齢者の増加などによって低まります。表２‐３は、①～③と④～⑥の相殺しあう作用の結果を示していて単純ではありません。とはいえ、少なくとも次のようなことは読みとれるでしょう。

(i)　雇用者として働く女性の比率が高まっていくらか救われているとはいえ（この表ではわかりませんが、四〇代、五〇代の主婦パートタイマーの増加はめざましいものがあります)、日本の労働力率は④~⑥の作用が①~③の作用を凌いで全体として低くなっている。成人の四〇%は無業である。

(ii)六五歳以上と、高校進学率の向上による一〇代層の労働力率低下は仕方ないとしても、九〇年代後半以降には、二〇代前半の男女で労働力率が数ポイントも低下していること、男性では二〇代後半、三〇代前半でも低下がみられることに注目すべきである。

この(ii)に、こまぎれ就業の間にあるフリーターやニートの増加が反映しています。そしてこの社会的損失は今や相殺されないことを、(i)は示しています。すなわち、少子高齢化も若年無業者の増加も、どちらか一方だけならばまだしも、その両方が共存するならば、それは福祉国家の財政基盤を根本的に揺るがせる危険をはらむものということができましょう。若者労働のありようは、ときに「大人」によって「理解」されたりされなかったりする青年の「生きざま」というテーマにとどまることのできない全社会的な問題なのです。

## 2　働く人びとの階層分化

### 労働者階層——これまでのかたち

次に考察すべきテーマは、一九九〇年代以降における若者労働のありかたの変化が、労働者階層の現代日本的なかたちに及ぼす影響です。

この点も、いま流行の若者労働論のほとんどが多かれ少なかれ、階層分化または二極分化という文脈でふれてきたところです。事態をそう認識することについては、私にも異論はありません。ただ労働者の階層性というものは、今はじめて生まれたものではありません。私は階層性の従来のかたちと、フリーターやニートの増加、リストラや成果主義の普及がかかわる現時点のかたちとを区別するべきだと思うのです。

きわめておおまかな説明にすぎませんが、一九八〇年代までの日本の労働者の階層性はおよそ次のようなルートで形成されていました。若者たちは、学歴・学校差・学業成績——以上を「学校関係の成否」と呼んでおきましょう——に従って企業規模と職業を異にするとはいえ、まずは大多数が正社員として就職しました。職業については、「世間の常識」でも若者の選好でも、専門・技術職、事務職、販売職、生産工程職、サービス職、労務職というおよその「望ましさの序列」がありました。これを念頭において、高校の「就職指導」などは、主に成績、副次的には内申書に応じて就職希望者に序列をつけ、その序列にしたがって生徒を求人のある職業に割りふっていたものです。生徒の序列は、紹介・推薦される企業の規模にも関係していました。

しかしともあれ、このように序列はつけられるとしても、「高望み」さえしなければ、新規学卒者にはかなり潤沢な求人があって、若者たちはなんとか就職できたのです。ついでにいうと、この就職可能性が高校、大学を問わず学生の究極のまじめさを保障していました。学校が「荒れ果てる」ようになったのは、「学校関係の成否」と若者の就職の関係がみえなくなってからのように思われます。

さらに、これまでの日本企業は、総じてまずは人材育成志向でした。その環境下に男性社員は職場の人間関係になじみ、やさしい作業から複雑で責任の重い職務にキャリアー展開を遂げ、昇給し昇格し昇進してゆきました。こう述べればすぐに、誰しもがそうではなかったという反論がくるでしょう。そうです、サラリーマン生活の成功の度合いは、企業規模や業界の盛衰や全体としての経済成長率に左右され、また日本企業にはそれなりの能力評価があって、たしかに異なってきます。それらの結果、生まれる格差が、すなわち日本を特徴づける「結果的」階層形成だったのです。

そこでさかのぼって、どんな企業に入れるかが「学校関係の成否」によって左右され、どんな学歴、どんな学校教育を受けられるかにたとえば出身階層とか親の職業および収入とかがふかく関わっているとすれば、日本も従来から階層社会だったと言えば言えないわけではありません。けれども、やはり「上げ潮はすべての舟を浮かべる」というべきか、とくに経済成長期には、そして成長の曲がり角である七五年以降ほぼ一〇年間は、全体としての企業の拡大、ほどほどの正規雇用求人、そして年功制を維持した人材育成の労務が健在であって、サラリーマンは、有力な出身階層的バックボーンをもたずに小企業で働くようになった人もふくめて、それなりの成功に恵まれたのです。少なくとも「機会の不平等」はそれほど鋭く意識されていませんでした。日本の経済格差に関するよく読まれた書物（橘木、一九九八年）などによっても、八〇年代半ばまでは、日本のジニ係数は低く、日本はまずは階層差の小さい社会だったのです。

ただ、つけくわえるならば、八〇年代半ばまでの日本では、女性にたいする雇用と職務分野における機会不平等がなお明瞭であって、企業内では女性の継続就業もキャリアー展開もきわめて不十分でした（熊沢、二〇〇〇年）。この職場のジェンダーが、全体として男性サラリーマンの昇給、昇格、昇進の余地を広げることによって、男性を中心とする世帯主の所得格差をほどほどに留めていました。すなわち、個人単位でなく世帯単位でみれば、階層差は奇妙にも伝統的なジェンダー関係のためにいくらかは緩和されていたように思われます。言いかえれば、いまは能力と勤労意欲の高い女性がそれなりに進出できるようになったぶんだけ、労働市場と職場で「負け組」の男性が輩出しやすくなったともいえましょう。しかし男女平等の流れは決して逆転できません。いま労働について考えるとき、若い男性はもちろん前提として、この流れを引き受けなければならないのです。

## 新しい階層分化

さて、以上のような労働者階層の日本的なかたちは、八〇年代半ばからゆっくりと、そして九〇年代末からは急激に変わりつつあるかにみえます。この変化には三つのプロセスが重なっていると思われます。

その一。すでに多くの言説が発表されていますが、世帯単位でみても日本の所得格差は拡大しつつあります。『平成一六年版 労働経済白書』は、所得分配調査にもとづいて、一般に平等化の効果をもつ税や社会保障による再分配の後についても、日本のジニ係数が一九八七年の〇・三三八二から二〇〇二年の〇・三八一二まで増加の一途をたどっていることを報告しています。国際比較できるように調整すると二〇〇〇年頃、この水準はアメリカやイギリスより低いとはいえフランス、ドイツ、スウェーデンより高く（以上、厚労省二〇〇四年）、日本はもうかつての「平等」を誇ることはできません。この不平等化をもたらした要因は、単身者世帯の増加なども数えられますが、基本的には、長引く不況のなかで「優勝劣敗」の市場主義を貫徹させる規制緩和の経済政策を背景に展開された企業の労務政策にほかなりません。ここではくわしく紹介するいとまがありませんが、具体的には、「生活給」的な昇給の破棄、能力・成果の査定にもとづく個人別賃金格差の拡大、人べらしリストラの恒常化、そして低賃金で働かざるをえない非正規労働者の「活用」などが数えられましょう（熊沢、一九九七年／二〇〇三年）。

その二。世帯の所得格差が、次世代が働くスタートラインの格差を鋭くしています。もちろんこれまでも教育社会学の研究蓄積は、出身家庭の職業、所得、「教育熱心」の度合いなどが、「学校関係の成否」を通じて少なからず若者の就職の有利・不利に関わっていることを明らかにしてきました。しかし、くりかえせば、これまでは就職してからのそれなりの「成功比率」の高さゆえに、この機会不平等の問題はなお潜在化していたのです。しかし、若者を安定した雇用口に迎え入れる余地が狭まり、選別が強化された今、親の経済的な貧困、時間的なゆとりのなさ、文化的資源の乏しさなどが、若者の職業的将来により深刻なダメージを与えるようになりました。

このダメージはまた、不利な家庭的背景を負う中学生、高校生、大学生の一定部分が、将来に希望を感じることができないゆえに学業や「まともなシュウカツ」を放棄する傾向によって、いっそう深刻化するとともに、時にはそこから生まれる格差を「自己責任」とみなす風潮すら招いています。この点に批判的にわけいる『排除される若者たち―フリーターと不平等の再生産』というタイトルのインタビュー調査・研究を読んでみましょう。この本は、低階層を出自とするフリーター男女について、家庭的資源の貧困、働くことについての両親からのしかるべきアドヴァイスの欠如、学校生活における疎外と排除、それらの帰結としての就業と離職のあてどなさなどを報告しています。著者たちは自然な結論として、「不利が不利をよぶ」かたちで不平等が世代を超えて再生産されるとのべています（部落解放・人権研究所編、二〇〇五年）。

高卒でフリーターになる割合は、父親の職業が専門・技術職、管理職などの家庭出身者では一四％ながら、ブルーカラー家庭出身者では三一％という、耳塚寛明二〇〇〇年の研究結果（耳塚、二〇〇五年）も示唆的です。また、ＪＩＬ‐ＰＴの最近の研究は、一五〜三四歳でニートになっている男性／女性の比率は、中卒で九・八％／八・六％、高卒で三・六％／二・三％、短大・専門学校卒で一・二％／〇・九％、大学・大学院卒で一・三％／一・三％と報告しています（ＪＩＬ‐ＰＴ、二〇〇五年①）。これらはいずれも、近年における家庭の社会階層的背景およびその影響を受ける学歴と、若者の進路における有利・不利とのふかい関わりを示しているのです。

### 階層分化の決定的なプロセス

その三。現時点の階層分化のプロセスとして決定的に重要なのは、今の非正規雇用者とは、たいていは正社員になる前の経過的存在であったかつての臨時工とは違って、総じていつまでも企業社会の外なる存在であるという事実です。企業は人件費の節約、雇用量の調整、単純労働の専担者確保のために、定年までの雇用や昇給やキャリアー展開を保障しなくてもよい働き手として、さまざまの非正社員を「活用」しているのです。

これに関連して、グローバル経済下の「ニューエコノミー」のなか、企業の労働力需要が、一方では創造的な能力や専門的な知識をもった労働者、他方では（フリーターのような）代替可能な単純労働者と質的に二分化したため、前者に中核正社員、後者に非正規労働者を配置するようになったという認識があります（山田、二〇〇四年）。私は、若者の間に大きな「希望格差」が生まれているという山田の警告には一定の意義を認めますけれども、企業内の「身分」階層化を必然的・宿命的なものとみるかのようなここでの分析？にはまったく同意できません。第一に、労働力需要の質的分化は、典型的には一九二〇年代頃にさかのぼる大量生産技術の導入以来のことであって、今にはじまったことではありません。第二に、にもかかわらず、日本を含む先進諸国において、これまでふつうの労働者は、「単純労働者」であっても正規雇用者として、職場に定着しキャリアー展開を遂げていたし、またはそれができるような職場内市民の立場を労働組合が確保させていたのです。ですから第三に、単純労働者の多くを非正規労働者にするのは、端的にいって、労働力の質的分化などではなく、先述の非正規労働者「活用」の効用を追求する企業の労務政策であり、それに抵抗できない労働組合規制の衰退にほかなりません。そして第四に、仕事の種類と雇用形態とはますます不整合の領域を広げつつあります。いまや非正規労働者化は、単純労働者にかぎらず、専門職にも及んでいます。他方、正社員の資質はといえば、専門知識や創造的能力というよりはむしろ、伝統的にはフレキシブルな適応力、加えて新たには、経営者的な企業財務の観点と営業目標をともかく達成しようとする「迫力」であって、かならずしもハイテク技能ではありません。

本論に戻りましょう。もちろん全体として非正規労働者が増え続けるなかでは、この「不整合」は企業にとってモラールの点からある不便なところもありますから、たとえば、単純作業ではあっても基幹職務についている常用型パートタイマーのうちから下級管理職を選抜する（その場合でも「非正社員」身分は維持されています！）、改正派遣法に従って一年または三年以上同じ職務についている派遣労働者は正社員にする（この法規制を逃れるため実にさまざまの便法が駆使されます！）――などの措置はたしかに見受けられるようになりました。とはいえ、非正規若年労働者の代表格ともいうべきフリーターは、そしてフリーターを給源とする、臨時の雑業をなんでも引き受ける「下層」派遣労働者は、企業にとってはどこまでも、必要なら拾い、不必要になれば捨てる「手の力」、イギリスの文献にいうハンズ（hands）にすぎません。社員の採用試験でも、フリーター体験は決して有利な条件にはならないのです。

## 継続的なステイタスとしてのフリーター

それゆえ、学校から正規雇用へのトランジションに失敗して、あるいはこれもまた例外的ではありませんが、なんらかの事情で正社員ステイタスを維持できずにひとたびフリータやニートになれば、次に「やってゆける」職業に向けてのよほど確固としたプランと手続きがなければ、今のところはあたかも蟻地獄に落ちたかのようです。たとえば、ニートの年齢構成の推移を手近な資料から計算しますと、一九九六年から二〇〇四年までの八年間にニートは一・六倍化しましたが、うち二〇代後半は

**表2-4　雇用形態・性・職業・所得階級別の雇用者比率**（単位：%）

| | 雇用者計 | 正規従業員 | | パートタイマー | | アルバイト | | 派遣社員 | |
|---|---|---|---|---|---|---|---|---|---|
| | | 男性 | 女性 | 男性 | 女性 | 男性 | 女性 | 男性 | 女性 |
| 人　数（千人） | 54,733 | 24,412 | 10,145 | 628 | 7,196 | 2,096 | 2,141 | 204 | 517 |
| 雇用者中の構成比 | | 44.6 | 18.5 | 1.1 | 13.1 | 3.8 | 3.9 | 0.4 | 0.9 |
| 【主要職業】 | | | | | | | | | |
| 専門・技術 | 14.4 | 14.3 | 26.5 | 3.8 | 6.9 | 5.3 | 6.9 | 11.3 | 4.1 |
| 管　理 | 3.6 | 2.2 | 0.2 | 0.2 | 0 | 0 | 0 | 0 | 0 |
| 事　務 | 22.3 | 17.3 | 38.1 | 8.3 | 23.8 | 7.5 | 22.0 | 14.2 | 64.0 |
| 販　売 | 14.1 | 16.0 | 10.0 | 6.7 | 12.9 | 16.0 | 21.4 | 5.4 | 7.2 |
| サービス | 9.1 | 3.6 | 10.3 | 11.8 | 18.8 | 21.1 | 28.8 | 4.4 | 6.6 |
| 運輸・通信 | 3.8 | 6.6 | 0.5 | 7.8 | 0.3 | 5.9 | 0.5 | 4.4 | 0.4 |
| 生産工程・労務 | 28.7 | 35.0 | 12.6 | 52.5 | 34.8 | 36.6 | 16.2 | 55.4 | 15.3 |
| 【所得階級】 | | | | | | | | | |
| 149万円以下 | 24.0 | 1.8 | 10.8 | 59.2 | 86.1 | 68.8 | 84.2 | 15.7 | 35.6 |
| 150～299万円 | 24.7 | 19.0 | 43.5 | 35.2 | 12.6 | 26.5 | 13.7 | 53.9 | 53.2 |
| 300～499万円 | 24.3 | 35.0 | 30.0 | 3.8 | 0.5 | 3.1 | 0.7 | 25.5 | 9.9 |
| 500～799万円 | 17.2 | 29.1 | 12.1 | 0.5 | 0.1 | 0.2 | 0.1 | 3.4 | 0.2 |
| 800万円以上 | 8.8 | 14.1 | 2.6 | | | | | | |
| （うち1500万円以上） | *0.7 | *0.5 | *0.1 | | | | | | |

＊総務省『平成14年 就業構造基本調査報告 全国編』2004年より作成。
職業分類では保安職，農林漁業職，「分類不能の職業」を省略。
正規従業員以外の雇用形態では，所得階級の最高は「500万円以上」。

一・九倍に、三〇代前半はちょうど二倍になっているのです（内閣府、二〇〇五年）。ニートの新規供給ばかりでなく、その長期化も推測されます。また、UFJ総研は樋口美雄らのパネル調査にもとづいて、二〇〇一年には四六万人を数える三五歳以上のフリーターが、一一年には一三二万人、二一年には二〇〇万人を超えるという見通しを発表しています（『日経流通新聞』二〇〇五年六月一五日）。加齢とともに正社員になるのはむつかしくなるという想定ですが、不自然な想定ではないと思います。

よく指摘されることですが、現代日本の労働者のなかでは、非正規雇用化とともに下層に分厚い収入格差が生まれています。表2－4と表2－5は、『就業構造基本調査』を加工して、職業、性、雇用形態別に年収階級別構成をみたものです。ここから実に多くのことが読み取れますが、ここで数値を細かく辿る必要はないでしょう。表2－4では、全体として日本の労働者の二四％は年収一五〇万円未満であり、四九％は年収三〇〇万円未満であること、パートやアルバイトでは、男性の五九～六九％、女性の八四～八六％が一五〇万円未満に収まってしまうことがわかります。

表2－5は、性、職業、雇用形態で区切られる升目のうち、二〇万人以上の労働者が集積しているものを年収階級別に書き出した資料です。前章に示した「若者の就きやすい職業」を想起しながらよく見て下さい。年収が伸びているのは男子を中心とした正社員ですが、生産工程・労務、サービス、販売、事務などの底辺ちかい職務で働く非正規労働者は、一四九万円以下のランクにまさに累々と重なっています。残念ながらこの資料では年齢別の集計ができませんが、今日の若者労働のありようが大きく寄与している現代日本の労働者階層というものの、これらは可視的な表現ということができましょう。非正規雇用のままでは自立的な生活は相当にむつかしいのが現状です。

そしてもう一度、強調します。フリーターを中心とする若者非正規労働者のステイタスは、若者がそこにどんな主観的な意味を込めようとも、総じて経過的ではなく継続的であり、ときには生涯的でありうるかもしれません。そんな状況のもとでは、若者たちの多くが将来の展望を喪って落ち込んだ

**表 2 - 5** 雇用者20万人以上のグループ

(単位：千人)

| 雇用者数 | 男性正規従業員<br>24,412 | 女性正規従業員<br>10,145 | 男性アルバイト<br>2,096 | 女性アルバイト<br>2,141 | 女性パート<br>7,196 |
|---|---|---|---|---|---|
| 所得149万円以下 | | 事務324<br>生産工程・労務323 | 販売269<br>サービス348<br>生産工程・労務461 | 事務392／販売394<br>サービス520<br>生産工程・労務297 | 専門・技術374<br>事務1,466／販売787<br>サービス1,194<br>生産工程・労務2,207 |
| 150～299万円 | 専門・技術325<br>事務405／販売605<br>サービス355<br>運輸・通信411<br>生産工程・労務2,712 | 専門・技術756<br>事務1,764／販売511<br>サービス599<br>生産工程・労務701 | 生産工程・労務262 | | 事務233<br>生産工程・労務277 |
| 300～499万円 | 専門・技術977<br>事務1,146／販売1,470<br>サービス336<br>運輸・通信744<br>生産工程・労務3,527 | 専門・技術1,033<br>事務1,268／販売251<br>サービス221<br>生産工程・労務216 | | | |
| 500～799万円 | 専門・技術1,285<br>事務1,599／販売1,260<br>運輸・通信344<br>生産工程・労務1,994 | 専門・技術645<br>事務411 | | | |
| 800万円以上 | 専門・技術862<br>管理297<br>事務1,035／販売490<br>生産工程・労務436 | | | | |

＊総務省『平成14年 就業構造基本調査 全国編』2004年より作成。
主要職業のみ。また男女派遣労働者，男性パートなどは省略。
下線部は100万人以上の労働者が集積する分類。

り、とりあえず刹那的な遊びやお笑いに日を過ごしたりするのも、ある意味では当然でしょう。何年も「ハンズ」としてのフリーター生活を続ける若者のまじめさに、私はむしろある敬意を覚えます。

社会構造の点からみれば、正社員から人生コースを分断されたこのフリーター・「ハンズ」層の累積は、すでに述べたように世帯レベルの所得格差の拡大、若者の出身家庭の格差というものの役割増大と相互補強の関係をつよめながら、日本の勤労者のなかにおける階層格差の程度を大きくするとともに、これまでは「結果的」なものであった階層形成に「生得的」な色彩をも加えているのです。

# 3章　若者労働　状況変革へのチャレンジ

## 1　若者の就業支援政策

### プログラム

ここまで議論を進めてくると、今日の若者たちが労働現場、労働市場、そしてそれらに規定される生活という三領域のなかで直面する困難は、実に多様な要因の重層的な寄与によってもたらされていることがわかります。その困難がもたらす社会的影響も実に広範で深刻です。この章で扱われる状況改革論も、したがって、多方面からのアプローチにならざるをえません。労働研究を専門とする私も、この章ではこれまで以上に、さまざまな素人談義に手を染めなければならないでしょう。しかし私大教員という職業柄、限られた範囲とはいえこれまで若者たちと会話を重ねてきた経験を生かして懸命に考えてみることにします。

さしあたり検討・検証すべきは次の四テーマです。

(1) 政府による若者の就業支援政策
(2) 学校教育についての「教室と職場」の有効な関係形成
(3) 若者の雇用拡大と職場への定着を可能にする労使関係の営み
(4) 若者の主体性のありかた

このうち、(1)は、今はじまったばかりであり、効果の秤量は時期尚早といえます。しかし、かんたんな内容紹介と考え方・視点の評論は可能でしょう。(2)については、私にはひとつの持論がありますが、ここでは「予告編」だけ。学校と職場の関係の推移なども考察しながら、4章でよりくわしく説明します。「学校でなにがなされるべきか」の提案は実は(1)にも一部ふくまれていますけれど、私が重視したいことは少し違います。

(3)の内容のいくつかは、私のこれまでの著書の内容と重なるところで、要約してごくかんたんに述べます。ふつう若者論の文脈ではほとんど論じられませんが、ここは、若者労働について正社員のビヘイビアもふくむ高い早期離職率を重視する私の議論に接続するところです。(3)の軽視こそが、いま普及している若者労働論に関して私がもっとも不満を感じる点なのです。

(4)は、若者のものの考え方への、いくらか批判をこめた私のアドヴァイスです。「今どきの若者は……」というのは、ピラミッドのなかにさえ書かれているそうで気が引けます。けれども、状況の変革は結局、若者自身の主体性を通じて行われるべきであり、若者たちは政府や自治体や経営者がしてくれることをただ待っているというのでは困ります。若者たちは仕事や職場をどうとらえるべきかについて、考えついたかぎりをあえて発言するゆえんです。では、(1)からはじめましょう。

## 政府の就業支援策一覧

若者の就業を支援・促進する施策に日本政府が積極的に着手するようになったのはかなり遅く、二〇〇三年の頃かと思います。

若者の就業を企業と学校に任せるこれまでの慣行が機能不全に陥っていること、その結果としてのフリーターや無業者の増加が少子化、社会保障の財源の危機、青少年の働く意欲の減退、社会的ルールからの時折の逸脱などとふかい関連があると認識されるに至ったからでしょう。二〇〇三年六月には、関係五閣僚により「若者自立・挑戦プラン」が策定され、翌〇四年一二月には、このプランの実効性を高めるために「若者の自立・挑戦のためのアクションプラン」がまとめられています。これらにもとづく具体的な施策は、したがって二つの段階を踏んでおり、直接の政策対象とする若者の範囲も、実施に責任をもつ省庁も少しずつ異なります。ここではまず、具体的な政策目的にしたがって主な施策を以下のようにわけて、「段階」を気にせずにごくかんたんな紹介を試みることにしましょう。主な資料は、政府広報誌『時の動き』（内閣府、二〇〇五年②）です。

(i) 若者に対する懇切な就職支援

①ジョブカフェ　若年失業者やフリーターを安定した雇用に導くため、就職相談から職業訓練・研修、就職、職場定着に到る一貫したサービスをワンストップで（一カ所でまとめて）受けられる、若者が「カフェ感覚で」立ち寄れるような「ジョブカフェ」を各都道府県の主体的な取り組みによって設置する。ネットカウンセリング、民間委託による無料の実践的職業訓練も可能にする。〇四年には約一〇九万人がこれを利用し、約五・四万人が就職を果たしたという。〇五年には四六都道府県八八カ所で、また三八都道府県ではハローワークと併設で、設置される見込みである。

②ヤングジョブスポット　若者同士の相互交流を通じた職業意識の啓発を目的とする「広場」を一四都道府県に設置。〇五年度には若者が集まりやすい場所に「出前」して情報提供や相談に応じることにもする。運営については民間団体の活用を促進する。

③フリーターの常用雇用支援事業　第二段階の「フリーター二〇万人の常用雇用化」プランの中心施策である。全国のハローワーク窓口で、常用雇用を目指すフリーターの求職者にたいし、職業紹介担当職員や専門相談員が、担当制・予約制により、一人ひとりの希望に応じたきめ細かな常用雇用就職

プランを策定し、一貫した就職斡旋サービスを提供する。この施策でフリーターの年間二〇万人の常用雇用化を目指す。

④「就職力」認証　厚労省は〇四年秋から、事務、営業の分野の求職者を対象に、就職に必要な基礎的能力を修得していることを個人別に認証する事業を開始する。内容は「コミュニケーション能力」「職業人意識」「基礎学力」「ビジネスマナー」の四項目と、情報技術、経理・財務、語学力のうち一つ以上の「資格取得」である。すでに公的に認定されている民間の六六教育訓練機関の講座受講や二八機関の試験をクリアーすれば、厚労省から「若年者就職基礎能力修得証明書」を受け取ることができる（『日経流通新聞』二〇〇四年七月二七日）。

(ii)　就業を体験させることを通じての雇用促進

⑤若年者トライアル雇用事業の拡充　ハローワークで「適当」と判断された未就職の学卒者など三五歳未満の若者を対象に、三ヶ月以内の試行雇用を企業に委託する。その間に若者の職務経験、技能・知識が企業の求めるレベルに達したと認められれば常用雇用となる。ハローワークはこの「トライアル雇用実施企業」に対し、一人一ヶ月につき五万円を最大三ヶ月間支給する。政府広報誌では、〇四年度にはトライアル雇用修了者三万七二五一人のうち二万九八一三人、八〇%が常用雇用に移行したと報告されている。ただし新聞報道では、これに先立つ〇一年一二月から〇三年八月までの利用者五

万二〇〇〇人のうち「本採用」になったのは二万九〇〇〇人、五六％である（『朝日新聞』二〇〇四年二月一〇日）。

**⑥日本版デュアルシステムの推進**　高校生、高卒未就職者、フリーターやニートなどを対象に、企業での実習（週三日）と専修学校など教育訓練機関での座学（週二日）を並行的に行う「実務・教育連結型人材育成システム」を導入する。終了時には「一人前の職業人」と能力を判定される。文科省は専修学校でのモデルカリキュラム、専門高校でのモデル事業を開発し、厚労省は専修学校と受け入れ企業の間の調整をはかる。なお、〇四年度、短期（五ヶ月）コースに二万三〇〇〇人が受講、約七割が就職したという。ここでも上の「調整」などについて民間活力の活用が期待されている。

**⑦若者自立塾の設立推進**　ニートなど無業の若者たちに、およそ職業生活の前提となる勤労意欲、生活習慣、親からの自立と教育訓練の志向を培わせる「若者自立塾」の設置を推進する。一塾あたり約二〇人が前半は生活訓練、後半は労働体験と資格取得講座に当てられる三ヶ月の集団生活を営む。委託機関である社会経済生産性本部に選定された民間事業者の塾経営・運営者には、訓練などの奨励金として三ヶ月一人あたり三〇～四〇万円程度の定額補助金が国から支払われる。

**⑧中学在学中の職場体験とジョブパスポート**　年五日以上、保育所や商店などで仕事を実習体験させる。その実績を記録するジョブパスポートを出し、これを採用の選考で考慮するよう企業に働きかける。

(iii)　いわゆるリカレント教育の促進

**⑨フリーター再教育プラン**　文部科学省は、全国五六校の専門学校（工業、農業、医療、衛生、教育・社会福祉、商業実務、服飾・家政、文化・教養の八分野で七校ずつ）に、IT（情報技術）、福祉、など、企業が必要とする人材をイメージした教育プログラムの開発を依頼する。定職のないフリーターが三～六ヶ月、全日制で学び、正社員就職に挑戦できるようにする（『朝日新聞』二〇〇三年八月一八日）。

**⑩その他**　社会人大学院、法科大学院など専門コース大学院などの設置を促進する。

中央政府の進める若者労働政策には、フリーターやニートの増加、若者が入職するコースの多様化に応じて上の三系統がありますが、地方自治体もまた、同趣旨の就学時労働体験の促進や、正規職員の残業削減によって浮かせた人件費で若者を臨時雇用する施策などを多様に展開しはじめています。しかしここでの紹介は以上にとどめましょう。

## 民間の営み

政府の施策といっても、事業の管轄は省庁でありながら、実際の運営は民間委託または民間の運営参加で行われる場合も多いことが上の紹介からわかります。そこでこの項では、民間だけで、または民間主導で実施される若者労働対策にわずかな紙数ながらふれておきましょう。趣旨は基本的に政府の政策目標と軌を一にするもので、事業内容は、強制的ではないにせよ関係官庁の指示に従っています。

(i)　懇切な就職指導——大学での「キャリアー教育」推進

卒業生が明確な職業的展望をもたぬまま卒業期を迎え、準備不足のままフリーターやニートになってしまわないように、いまでは七割の大学が学生の進路設計を一年生段階から支援しています（『朝日新聞』二〇〇五年四月四日）。一年生は職業意識涵養、二年生は具体的な目標発見、三年生からはそのための能力開発……と学生たちがプランをたてられるように、一人ひとりにキャリアーアドヴァイス、キャリアーカウンセリングのサービスを提供するわけです。これはむろん学内企業説明会の開催、学校推薦、就職斡旋といった従来からの就職指導の強化とともに行われるのです。その充実度は、今や受験生を引き寄せる大学の「競争力」ともなりつつあります。

(ii)　「お試し雇用」の展開

一つには、若者たちは正式の就職に先がけてなんらかの職場生活を体験する必要がある、もう一つには、早期退職を防止するためにも、就職希望の学生と企業のニーズがマッチするかどうか、お互いに見定める必要がある——そんな認識から、このところ一種のトライアル雇用、「お試し雇用」が増えています。代表的には①インターンシップ制と、②紹介予定派遣制をあげることができましょう。

**①インターンシップ制**　「学生が在学中に、企業などで自らの専攻、将来のキャリアの見通しに関連した就業体験を行う」制度です。一九九七年以降、旧文部・通産・労働三省が推進の考えをまとめるなかで普及し始めました。授業科目として単位認定する大学も増えています。

現実には、商品開発から企画、販売までをほんとうに経験できる職場、あるいはインターンシップ生に職場体験を通じて会社のホームページなどをつくらせる会社がある一方で、学生たちがいみじくも「アルバイターン」とよぶ、これ幸いとばかりにまったくの単純作業や雑業ばかりに終始させる企業もあります。たとえば週に三〜四日、コールセンターでカード申し込みの意思確認の電話をかけ続けさせる信販会社もあり、インターンシップの明暗はさまざまです。

その間の給料も問題です。インターンシップの検索サイトを運営する東京都のＪＭＡＭチェンジコンサルティングの一二〇社調査（〇三年夏）によれば、インターン生は労働者か研修生かをめぐる企業の理解の相違もあって、日給も、企業の四一％が無給、四一％が一〇〇〇円〜五〇〇〇円、一二％が五〇〇一円〜一万円（平均は二〇〇〇円〜三〇〇〇円）と千差万別です（以上、『朝日新聞』二〇〇三年八月二六日、同一二月一六日）。すなわち、「労働者」ゆえに少なくとも最低賃金（東京都で時間額七〇八円）は払われなければならないという共通の理解はまだないのです。それに、この制度では、企業にインターン生を採用しなければならない義務は生じません。

②紹介予定派遣　これは、一定期間、派遣労働者として働いた後、企業と求職者が合意すれば正社員などに直接雇用で採用される制度です。二〇〇〇年に「解禁」されたのですが、〇四年三月施行の改正労働者派遣法によって、会社が「いつか正社員に」という「約束」で長期間にわたって派遣労働者を低賃金で「活用」することを防ぐため、期間が六ヶ月に限定されました。そのかわり会社は、一般の派遣受け入れでは禁じられている事前面接や履歴書の確認ができます。就職後のミスマッチを防ぐ趣旨から大手人材派遣会社があらかじめ、情報処理、服飾販売、貿易事務、金融関係の営業などの分野ごとに講座を設けていることもあって、大卒女性などを中心に普及しはじめています。阪神百貨店など、新卒採用をやめて採用をこのルートに限った会社もあります。

問題は六ヶ月後の正社員採用の程度です。人材派遣協会が二〇〇三年に四四〇社、三七九五人を対象に調査したところでは（したがって調査対象者は改正法以前からの派遣労働者なのですが）、直接雇用になった人の割合は五四％、新卒者に限ると三〇％となっています（以上、『朝日新聞』二〇〇四年二月一〇日、同二〇〇五年四月一九日）。今では正規雇用にならなかった人は会社に書面で不採用の理由を糾すことができますし、新しい制度のもとで正社員採用率がどうなるかはまだ不確かです。けれども、紹介予定派遣を受け入れる際すでに一定の選別がされていることも考慮すれば、なかなかきびしい採用比率ということはできましょう。

## 若者労働政策の評価

このように紹介してきた政府その他の若者労働問題への対策プログラムは、では、どのように評価されるべきでしょうか。すでに述べたことですが、プログラムの多くはようやくはじまったばかりであり、その実効性を十分に評論するには時期尚早の観を否めません。ですから以下は、主として政策の方向性に関する、私の従来からの問題意識にもとづく印象のコメントにすぎません。

私は、政府の対策の(i)も(ii)も、まずは賛意をもって受け止め、その成果を見守りたいと思います。遅きに失したとはいえ、ここでは若者のなかにフリーターや無業者が増え続けることの社会的な問題性と、若者の就職を家庭、学校、企業に委ねることの現時点的な機能不全が意識されています。私の大学教員体験からいっても、若者一人ひとりのニーズに則した懇切な指導はやはり不可欠です。また、若者の働こうとする自信に一定の職場体験が寄与していることも疑いを容れません。とくに私は、①ジョブカフェ、⑤若年者トライアル雇用、⑥日本版デュアルシステムの拡充、⑨フリーター再教育プランなどに、条件つきながら大きな期待を寄せます。

なお、この際つけくわえますと、職場・労働体験の意義を語るなら、高校、大学在学時のアルバイトについて、私たちはもっと考察を深めなければなりません。アルバイトはいまや若者にとってなんといっても最大の職場・労働体験にほかなりませんから、この体験で若者たちが気づくこと――労働のよろこびとしんどさ、さまざまの従業員階層のありよう、労働条件の水準と決まりかた、職場での労働者の発言権の程度など――を、教師はもっと教室での勉強の素材とすべきだと痛感します。

もっとも、他方では、過度のアルバイト、とくに深夜アルバイトは明らかに学業を圧迫します。ちなみに私の働いていた大学の調査では、週二〇時間以上のアルバイトと「留年」の間には高い相関関係が認められました。勉強が進まないと、会社が正社員の資格として強調する「問題発見能力」や「問題解決能力」(経済同友会、二〇〇三年)をなかなか培うことができず、留年したり、危うく卒業できても非正規雇用になりがちです。私は雇用上のステイタスにこだわるのではありません。しかし迂遠なことにみえるまでの社会構造に関する深い学習がなければ、状況のなかに問題を発見し、それを解決しようとする批判精神がなかなか身につかないのです。では、そうした批判精神がなぜ必要なのか。

若者はやはり、たとえば使い捨ての「ハンズ」の処遇は不当だと声をあげてほしいものです。1章でも述べましたように、学生は都市雑業のパノラマのなかに散らばって実に多様なアルバイトに従事しているのですが、彼ら、彼女らは卒業後も、「バイト」に似た「ハンズ」の立場に陥るかもしれません。その際、その「ハンズ」の立場をついに克服させる心の発条は、ひっきょう「ハンズ」自身の批判精神なのです。

いずれにせよ、学生アルバイトの光と陰は、若者労働論にとって無視しえない一テーマといえましょう。

## いくつかの問題点

若者労働政策の検討に戻ります。政策の対象はたいてい在学生、学卒未就業者、失業者、フリーター、ニートなどにまたがっていますが、政策の方向性には、「どちらかといえば」という譲歩つきではあれ、次のような特徴をまぬかれていないように感じられます。

(i)　政策の主要な関心は、フリーターやニートになることの予防におかれている。

(ii)　就職支援のための働きかけは、働く意欲の喚起や職業意識の涵養に偏っていて、職業能力（知識や技能）の育成という観点が希薄である。

まず(i)について。すでにくわしくみてきたように、第一に、ともかく正社員――政策の説明文ではもう少し曖昧に「常用雇用」と表現していますが、この概念には一定期間は雇用が継続する非正規雇用も入ることに注目して下さい――として採用させれば、若者労働問題はそれで解決というものではありません。第二に、すでにフリーターの「蟻地獄」に陥っている、フリーターの立場の再生産を余儀なくされている若者も少なくないことを考えれば、予防策ばかりでなく、あえていえばフリーターがフリーターのままでも生活してゆけるような支援政策が不可欠です。政策目標を正規雇用、常用雇用の達成と考えるなら、就業支援策で掬われるのは、今の困難の程度が低い者だけになるでしょう。

実際に雇用を行うのは企業にほかならないからです。

次に(ii)について。一定比率の若者がフリーターやニートの立場にある意味で自足してしまうのは、継続的な職業の界隈にみずからを投げ込む自信が不足しているからですが、その自信の不足は、続けてゆけるような仕事に必要な職業能力の不足や欠如に悩んでいるからです。すなわち、若者の労働意識を前向きに誘うためには、若者の意識や態度へのてこ入れよりも、彼ら、彼女らが労働に飛び立ってゆく力、若者の「翼」になるような職業教育・職業訓練の十分の供与が不可欠なのです（本田、二〇〇五年）。

むろん国の政策もこの側面を無視しているわけではありません。⑥日本型デュアルシステムとか、まだ本格的に実施されていない⑨フリーター再教育プランなどはその系統に属するでしょう。しかし、この分野の政策は依然として、日本の産業社会の「伝統」に大きく制約されているかにみえます。すなわち、一方では、欧米社会と異なって、この日本では企業の枠を超えた職種別労働市場がいまだ顕在的には存在しないため、この職業にはこの技能という標準がみえにくいという事情があります。そして他方では、政策における職業的技能の陶冶という部分はたいてい、政府の手を離れて「人材供給」にかかわる民間企業に業務委託されていることが、結果として公的政策としての職業的技能の付与を頼りなくしているように思われます。「人材」は今や大きなビジネス分野です。しかし単純労働を実直に遂行する心構えを説くことを超えてその名に値するような職業技能を支払い能力の乏しい若者に付与することは、たとえ政府の補助金があったとしても、民間企業にとって引き合うビジネスなのでしょうか。職業訓練はもっと、失業や無業の若者が、無償または無償に近い費用負担で受けられる公的施策とするべきでしょう。

これと関連して、「脱ニート」をめざす若者自立塾のありようも私は気になります。たとえば、自立塾での時間割や指導方針において、早朝起床、ラジオ体操、トイレ掃除、洗濯、散歩、「大きな声で挨拶する」……など「生活習慣」の訓練と、情報処理や危険物取扱いやケア関係……など職業技能の訓練（奈良県・神須学園経営・室生塾の例、『朝日新聞』二〇〇五年一〇月七日）とは、どのようなバランスで行われるのでしょうか。

ひとつの行き届いた考察（樋口、二〇〇四年）は、ニートとかなり重なる存在といってよい「社会的ひきこもり」の若者に対する就労支援は、他人とのつきあいやソーシャルコミュニケーション（挨拶や日常会話）といった「社会参加」に自信をもてるよう誘うことと不可分に進められなければならないと指摘しています。私にも、挫折感や無力感にとらわれ、しばしば「昼夜逆転」の日々を過ごしもするニートの若者に「生活習慣」の指導・訓練が不必要だと言う自信はありません。けれども、「働ける生活習慣」は本来的に、そこにいることが自然に思われるような「居場所」のなかでこそ徐々に気づかれるもの。自立塾の「指導」が「望ましい生活習慣」の強制的な刷り込みに偏っているならば、若者に薦めたくありません。増加するニートと「早くなんとかして」と焦る親のニーズに応えるかたちで、今後、営利または非営利団体の若者自立塾への参入は簇生するでしょう。それだけに政府の認可は、若者を就業に本当にエンパワーメントできるような行き届いた「社会参加」と職業訓練の内実をもつプロジェクトにきびしく限る必要がありましょう。でなければ、二〇〇一年夏にひきこもりの一五歳をまさに暴力的に入塾させようとした名古屋市の有限会社「塾教育学院」経営の長田塾（全国不登校新聞社 Fonte 二〇〇五年八月一日）のような、かつての悪名高い「戸塚ヨットスクール」型の「教育産業」が、政府援助を求めていくらも名乗りを上げてきかねません。良かれ悪しかれ、教育や「人材」は今、有力なビジネスフロンティアだからです。

## 2　学校と労働現場

### 学校教育のフロンティア

さて、このように考えてくると、政府の若者労働政策にたいして私が感じる物足りなさのすべては結局、次の二点に帰着するように思われます。その一は、日本の公教育においてはなお、職業教育という側面が非常に希薄なことです。その二は、労働政策においては依然として、雇用と労働条件の決定に関する企業の自由裁量権を規制する施策がきわめて弱々しいことです。深刻さをふかめる若者労働のありように本当に鍬入れするためには、ある意味では戦後日本の伝統ともいうべきこの二点が、いまこそ見直されなければなりません。

こうして私は、若者労働の明日にとってなにが必要かに関する従来からの持論を再確認します。すなわち「その一」に対しては、学校教育における職業的意義（レリヴァンス）の獲得が不可欠です。より具体的には、少なくとも高校教育段階から、もっと充実した職業教育が推進されねばなりません（熊沢、一九九三年）。そして「その二」に対しては、序章以来の問題意識に自然に導びかれるところの、企業による若年労働者の処遇、すなわち若者を使い捨てたり、早期から心身を疲弊させたりするような雇い方、働かせ方、支払い方への、労働政策的および労使関係的な規制の強化が、今やどうしても必要になるでしょう。

第二点をいくらか敷衍しますと、日本の社会保障は従来から、失業者や無業者への所得補助・福祉的救済よりは、近年のヨーロッパでの動向を先取りするかのようにワークフェア（就業中心の福祉）を重視する特徴を帯びていたといえます（埋橋、二〇〇一年）。今の若者政策にみる就業支援もその一環です。しかしながら、このワークフェアは、狭義の労働政策はひたすら規制緩和の流れに委ねる政策志向と共存していますから、促進される雇用・就業の質をあまり問いません。その「質」は（実は「量」についても同様なのですが）、日本での労働組合の弱体化も棹さして、企業側の専制に委ねられています。ここでの文脈でいえば、ともかくフリーターやニートを減らして正規雇用にさせればよいというわけです。この本のモチーフのひとつがこの点の見直しであること、あらためて言うまでもありません。就業支援は、「仕事をペイするものにさせる」労働政策と切り離されてはならないのです（埋橋、二〇〇五年）。

第一点に関しては、ここでは「予告編」としてレジメ風に記すにとどめます。

(i) 学校のあらゆる段階で、この社会の分業のパノラマをかたちづくるさまざまな仕事の社会的意義と実態について、そのよろこびとしんどさの両方を学べるようにする。

(ii) それぞれの職業分野で働く人びとが、生活と権利を守るすべを学べるようにする。

(iii) すべての若者たちが、高校以上へのすべての進学を、右のような高校教育で培われる職業志向と関わらせて考えるように誘う。

(iv) それぞれの学歴段階で、若者たちが就く仕事に関する十分の知識、技能、職業倫理が身につけられるようにする。

(v) 必要に応じて地域の職業人を教師とし、職場を教室とできるようなフレキシブルな教育方法を開発する。

**労使関係の役割**

では、項をあらためて、上の第二点、労働現場への介入に進むことにしましょう。

考えると実に奇妙なことなのですが、若者の労働問題が論じられるとき、当の若者自身は折にふれてアンケートやヒアリング調査で意見を求められるとはいえ、雇用や労働条件の決定に直接たずさわる経営者はほとんど表面にあらわれません。経営者はおそらく、若年労働者をどれほど雇用するか、どんな人が社員として選別されるか、雇用形態は正規か非正規か、賃金はいくらで労働時間はどれほどか……といった事柄は、個別企業ごとに経営者が決めるものと考えています。若者労働の現状を嘆く政府も、この「経営権」を大前提として、せいぜい改善を経済界に控えめにお願いするだけです。そして実際のところ、規制緩和の流れのなか、企業の雇い方、働かせ方に関する「自由化」はこのところいっそう進展しています。

もちろん労働組合は、経営者の決定を制約するかたちで雇い方、働かせ方に介入することができるはずです。しかしながら、現代の日本では、この労働組合機能がまことに頼りないのです。日本の企業別組合は、総じて個別企業の正社員を組合員資格としていますから、未就業者、失業者、フリーターなどははじめから視野の外ということもあります。だから、後にふれますが、従来型の企業別組合でない新しい組織形態の労働組合の構築と活性化も必要になりましょう。

しかし、企業別組合の頼りなさは、組合員である若手正社員についてさえ、職場生活を続けてゆけるゆとりや自由を確保するという側面でもきわだってきました。1章2節でくわしく述べましたが、たとえば労働時間・残業・サービス残業の制限、休暇取得の確保などの弱さは、まぎれもなく「七・

五・三」現象の一因にほかなりません。それなのに、企業別組合がたとえばリストラやフリーターの増加と対になっている正社員の長時間労働の是正に本格的に取り組むことは、このところまれです。どうせ無力とみなされているためか、コミュニティユニオンの担い手を別にすれば、ユニオンリーダーがマスコミなどから発言を求められることもあまりありません。

若者労働問題の対策としての政府による経営権規制のありかたはこれからも必要に応じてふれるとして、この節では、可能性としての労働組合による経営労務管理のチェックという、すぐれて労使関係的な問題を扱うことにしましょう。もっとも、この領域について私は近年に限っても発言を重ねており（たとえば熊沢、一九九七年、二〇〇〇年、二〇〇三年）、これを全面的にくりかえすのは実に億劫です。ここでは文脈上、若者労働の状況改善の側面にかぎって、しかも、「ぜひこれだけは」という労使関係の戦略のみを、数点にわたって論じたいと思います。

### ワークシェアリング

一方では失業者やフリーターなど十分に働けない若者たち、他方では週六〇時間もの労働のなか心身を消耗させている若手社員、その共存に挑戦することこそがもっとも大切です。その具体的な戦略は、労働時間の短縮を通じて雇用機会をわけあうかたちで拡大するワークシェアリングにほかなりません。二人の若者の発言を聞いてみましょう。

……一部の人が過労死寸前まで働いて追いつめられる一方で、多くの人が職を得られない厳しい現実。若者は結婚や出産に夢を持てない。友人ら私の周りの若者は、ほとんどが親元で独身で生活している。北欧などで定着しているワークシェアリングが、日本でもっと広まらないだろうか……（箕面市のアルバイト女性・二五歳。『朝日新聞』二〇〇五年四月八日）

全国のフリーターの一割近い二〇万人を正社員にするという、厚生労働省の方針を読んだ。当事者の個人的視点からみると、問題の根本は「正社員になれない」ことではなく、「労働環境が悪い」ことにあるように思われる。（中略）企業に新規採用された正社員の三割近くが三年以内に辞めている現実もある。企業は利益を確保するため最小限の人数（正社員）で活動しているため、負担が重くなっている。友人たちに聞くと度重なる残業や休日出勤が要求される。こんな状況が、若い世代の就職意欲に水を差しているのではないか。国と企業にはまず、ワークシェアリングのような手法で労働環境の改善を図ってほしい……（津市のフリーター男性・二三歳。前掲紙二〇〇五年四月二四日）

「アカデミズム」はふつう新聞の投書などを資料にしませんが、労働研究にとって労働者の「声」はまことにゆたかな発想の鉱脈です。長々と引用したのも、これらの「声」が私のこれまでの叙述の数々を裏付けているからであり、みずから非正規労働者である若者自身が、友人たちのありようも顧みながらワークシェアという考え方にたどりつき、その進展に状況を変える期待をかけているからです。この期待の究極の正当性を誰が否定できるでしょうか。

もう少し議論を展開しましょう。現時点のワークシェアリングは、ある範囲の労働者グループが一律に標準労働時間を短縮して人べらしリストラを防いだり、新たに失業者を雇用させたりする【一律型】と、ある属性の労働者が人生の一時期、出産・育児、介護、再修学、再訓練などのニーズに応じて「標準」以下の短時間勤務につく権利を行使する【個人選択型】という二つの形態があります（以下、熊沢、二〇〇三年）。

まず【一律型】について語れば、週五〇時間以上働く労働者の比率が先進国のなかで群を抜いて高い日本では（1章2節参照）、週休二日制の完全実施、残業制限、サービス残業の撤廃、有給休暇の取得率向上などを通じて、ヨーロッパのように「残業込みで週四八時間以上は働かない」基準を樹立することがとくに必要です。それが労働者の健康、家族生活との両立、男女共同参画の点からも望ましく、雇用効果も大きいのです。

けれども、日本では、この【一律型】こそがなかなか進展をみません。なによりも「生産性の高い」労働者だけを残して限度いっぱいまで稼働させようとする企業のリストラ選好、それに能力主義的選別に生き残ろうとする精鋭社員たちの競争志向、さらには労働組合リーダーのものの考え方における経営者と精鋭社員への同調があります。つまり、なによりもゆとりと雇用保障を望むふつうの労働者多数が職場のオピニオンリーダーになれないような職場の雰囲気が、【一律型】ワークシェアの制度化を阻んでいるのです。

にもかかわらず、標準労働者の労働時間短縮をはかるこの【一律型】ワークシェアが、若者労働の現状改革という点からも最重要の柱のひとつであることは、あらためて強調したいと思います。卒業生からのヒアリングに照らしても、迫られる長時間労働や休暇・休日の放棄は、若手社員がかなりの比率で早々に離職してしまう有力な原因なのです。さすがに経営者団体もこの点にも注目して、別の文脈からではありますが、若者労働に関する研究会報告のなかでこう述べています。

企業人もまた親であることを十分に考慮し、親としての教育上の責任を十分に果たせるよう、人事管理上の配慮をする必要がある。労働時間を過度に延長させないこと、勤務時間を柔軟化させること、男女ともに育児休業や育児時間を取得しやすくすること……（経済同友会、二〇〇三年）

ちなみに紹介しました第二の投書子に言いたいのですが、ワークシェアはどちらかといえば労働組合が主導する戦略であって、まず「国と企業」を頼むものではありません。もっとも、彼をふくむ若者が総じて組合機能に思いを致さないこと事態が、日本の組合運動の現状の反映ともいえましょう。

他方、【個人選択型】は、ワーキングマザー支援策というかたちではいくらか進展しています。ある意味では男中心社会の労働界よりも、政府や企業のほうが熱心なくらいです。これは政府にとっては「待ったなし」の少子化対策、企業にとっては「優秀な」女性の人材確保策でもあって、たとえば二〇代後半、三〇代前半のヴェテラン女性従業員に、子育てや再修学の一定期間、正社員のまま在宅勤務や短時間勤務を選ぶことを可能にするものです。とくに若者後期にあたる正社員、とくに女性にとって、これは就業継続を容易にする制度といえましょう。もちろんこの短時間勤務の選択権は、常用雇用の非正規労働者にも拡充されねばなりません。

この【個人選択型】ワークシェアは、若者が今の職場でミスマッチを感じたとき、あらためて新しい仕事につくための就学（リカレント教育）をとりあえず働きながら行えるためにも、ぜひ必要な制度といえるでしょう。

## リレーモデルと「お試し雇用」

独自的に若者の正規雇用を進めるワークシェアのかたちもあります。たとえばドイツのフォルクスワーゲンで九〇年代に実施されたリレーモデルです。

これは中高年従業員の労働時間を五五歳時の週あたり二八・八時間から六二歳時の二〇時間まで段階的に減らしてゆく一方で、新規雇用の若年者の労働時間を入社後二年間は二〇時間とし、三年半後には二八・八時間になるよう段階的に増やしてゆく制度です。三万人を削減する会社提案に対抗する団体交渉のなかで生み出されたワークシェアリングの一環ですから、ここでは緊急避難的に二八・八時間が「標準」とされていることに注目してください（熊沢、二〇〇三年）。ともあれ、若者の労働時間漸増と中高年層の労働時間漸減を組み合わせて両者の雇用を確保しようとするすぐれた工夫です。

私たちの国ではいま、年金支給年齢引上げの影響もあって、なんらかのかたちで「六五歳まで働ける」定年延長が各社で制度化されつつあります。それはそれで結構なことです。しかし私には、雇用延長後に賃下げや身分変更はあっても、ふつう労働時間の短縮は予定されていないということが疑問です。高年齢従業員のパートタイム化があってこそ、若手社員の雇用機会が拡大するのではないでしょうか。企業別組合が若年層正規雇用の拡大より中高年層の雇用維持により熱心になる事情はよくわかりますが、どちらかではなく両者の雇用保障が進まなければならないのです。中高年正社員の子どもたちがフリーターやニートという場合もあるのではありませんか。中高年従業員のリストラへの怯え、後期若年層のまぎれもない働きすぎ、「ハンズ」扱いされるフリーターの増加――それらが進行する現時点の日本にとって、リレーモデルはまことに示唆的な方策といえましょう。

若者の安定雇用への方策という点では、折角の政府提案である日本版デュアルシステムについても、モデルとしたドイツ型のそれにくらべると労使関係の介入が弱いと感じます。経営者と労働組合は、座学および企業実習の内容、職業資格の証明、コース終了後に雇用される条件などをもっと明瞭化させるべきです（三谷、二〇〇一年）。政府提案の若年者トライアル事業にしても、政府広報誌の「常用雇用」化率と新聞報道の「本採用」化率との間には大きな格差があるわけですが、ともかく労働組合は、どのような条件が満たされれば、どのような雇用身分になるかをきちんと規制すべきなのです。

もっぱら人材派遣会社と企業が運用する紹介予定派遣についても、同じことがいえます。派遣身分六ヶ月後に果たして正社員になるかどうかは、さしあたり企業の裁量に委ねられています。紹介予定派遣は派遣社員と正社員の明瞭なキャリアー分断を是正する意義を担ってはいますけれど、五五％という正社員化率は、企業が二段階選別できることを考慮すればやはり企業優位にすぎましょう。労働組合はここでも、その比率を高める方向で、企業が紹介予定派遣者を「正社員にしなくてもよい条件」をきびしく限定しなければなりません。

## 非正規労働者の労働条件規制

これまでは、多くの若者労働対策論の流れに従って、フリーターや無業者の正社員化、あるいはせめて常用雇用化という目標にとって労使関係がどのように寄与できるかを論じてきました。とはいえ、くりかえしいえば、若者労働の状況改善はフリーターの予防と、正社員化の促進につきるものではありません。若年正社員の職場と労働そのものが総じてすさまじく、かなりの正社員自身が「そこに骨を埋める」志向を喪っており、かなりのフリーターもまた「あんなにゆとりや自由のない」正社員になるくらいならフリーターでいいと思っているからです。高校就職組の最大「希望」職種は「フリーター」だそうです。どうせフリーターにしかなれないというあきらめからくる自棄と、どうせ正社員になってもこき使われるだけ……というあながち間違いとはいえない判断とが、ない交ぜになった心情がうかがわれます。

それゆえ、基本的には、若年層を迎える現代日本の職場と仕事のありようの変革があきらかに必要です。しかしこのテーマは現代日本の企業内労使関係を全面的に論じることなしには果たせません。ここでは、前項のワークシェアリング提案は、労働時間―職場の要員数―作業量―雇用保障という枢要の関係にふれるものと再確認するにとどめましょう。そのうえで、ここであらためて発言したいのは、若者労働論に関して他方において不可欠なこと、すなわち、企業の労務管理のためであれ、若者自身の半ば強制的で半ば自発的な選択のためであれ、非正規労働者やフリーターとして労働生活を送る若者たちへの、その立場のままでの支援の必要性にほかなりません。フリーターにも人間としての尊厳を感じうるような生活基盤の確立を要求できる「天賦の人権」があります。仕事内容や賃金は会社の思いのまま、拾われ、捨てられ、またいつか拾われる、その状態をくりかえす「ハンズ」とされてはならないのです。

さて、一口に非正規労働者といっても、実質的には雇用期間が限定されていない常用型パートタイマーと、契約上も実質的にも限られた期間だけ働く臨時雇用の学生アルバイトやフリーターとはいくらか状況が異なります。しかし、両者に共通するニーズがなにかについては、ヨーロッパではもう制度化されていることでもあり、日本でも労働者の間では一定の合意があります。それは、①均等待遇（正社員―非正社員、男性―女性を問わず、同一価値の労働には同一時間給を支払うという原則）、②フルタイム―パートタイム間の相互転換の可能化、③有期雇用契約を企業に許す条件のきびしい設定、④社会保険の拡大適用です（熊沢、二〇〇三年）。

もっとも日本では、財界や経営者、保守陣営の政治家といったこの世の権力者たちは、一般に、正社員と非正社員の処遇をほとんど規範というものから自由に差別できる日本的雇用慣行を守る立場ですから、上の①〜④は、労働界からくりかえし要求されているにもかかわらず、まだ実現していません。けれども、ここを突破しなければ、増加しつつある非正規労働者の不利な立場が再生産され続けることは明らかなのです。

とくに、ある意味で若者労働を代表するフリーターは、非正規労働者のなかでももっとも臨時的で、よるべなく、経営の思いのままの取捨選択に身をさらす存在です。この人びとにとっては、すでに紹介したところの、せめて「常用雇用」化をはかる政策援助はそれなりに有意義です。しかしフリーターには、企業の雇い方、働かせ方を聖域視したままの若者就業支援策が及ばない①〜④のすべて、とりわけ③有期雇用の限定が不可欠でしょう。社会運動の性格をふくみもつ労働組合運動の大胆な挑戦がここに待たれます。

それに日本では、最低賃金制の改善が不可欠です。九七年のＯＥＣＤ九ヶ国のなかでの比較では、最低賃金額は七位、基準額の平均賃金に対する比率では最下位、最低賃金以下の労働者比率では二位なのです（橋木、二〇〇四年）。みじめな状態ではありませんか。最低賃金制の改善に労働運動が力を注ぐべきことは論をまちません。フリーター諸君も顧みてください、正社員になるよりも享受できるはずだった自由も、雇用が不安定で労働条件が劣悪にすぎればまったく空語となってしまうということを。たとえば生活できる賃金でなければ、時にはダブルジョブで、時には深夜に、何時間も働かねばならないのです。しかも来月には失職しているかもしれません。

## 労働組合と若者

「労働組合は若者労働のきびしい現状に立ち向かわねばならない」といった語りを聞くと、多くの若者は「組合のことなんて考えたこともなかった」と思い、またいくらか組合に関心のある若者は「そんなの今の組合では無理」と感じることでしょう。

よくわかります。本来、みずからの労働条件や職場の慣行の決定について労働者自身が発言し、その決定に参加する労働組合という組織は、労働のきびしい状況に悩む若者からももっとも忘れられた存在になっています。今では組織率も一九・二％にすぎず、未組織の企業に就職する場合のほうが圧倒的に多く、また学校で労働組合について学ぶこともほとんどないでしょう。労働問題の解決者として組合を思い浮かべる人は、若かった時代には組合がもっと存在感をもっていた中高年層のなかでもまれなのですから、たとえば大きなストライキが皆無になった一九七五年以降に感性を育んだ若者が、「組合の連帯の力で」などと言われると、「えっ、マジかよ」なんて思うのも仕方ないかもしれません。とはいえ、一人の労働研究者として、私はあえて次のことは伝えたいと考えます。

みずからの労働の状況をもし改善したいと望むなら、どのような方途があるか考えてみましょう。その方途は、①転職または離職すること、②企業の温情に頼ること、③労働基準法に訴えること、④「労働者に優しい」国の施策を待つこと、そのいずれかです。このうち、実際には、企業は労働者の福祉のために会社を経営しているわけではありませんから②は頼るにはあまりに危うく、③は明確な「法律違反」が立証されなければ発動されず、④は本来的に労働の日常の隅々まで扱うことはできないという限界があります。だから若者は①を選びがちなのです。たしかに労働条件や労働環境がひどすぎる職場は、消耗してしまう前に早々に辞めるほうがいいでしょう。序章で言いましたように、転職そのものがよくないわけでは決してありません。

しかしながら、とくに人不足の時期でなければ、特別の技能しかもたない転職者が本当に労働条件のよいところに移れる場合はむしろ少ないのも事実です。しんどいのはどこでも同じ、そう考えておいたほうが無難でしょう。もう少し、いま、この職場をよくしようと考えることはできないでしょうか。そう思いめぐらせれば、労働組合を通じて、または労働組合をつくって、なかまとともに労働の日々のニーズを企業に要求するのがやはり正解です。すなわち、みずからの手によっていまここにある職場を改善して生活を守ることです。

もっとも、ではふたたび、既存の労働組合はといえば、組織的にも思想的にも、これまで述べてきたような正社員の心身の疲労やフリーターの生活不安定をふくむ若者労働のしんどさを克服するには、あまりにも制度疲労におちいっています。無力なのです。この無力化には、八〇年代以来のグローバルな動向と、日本特有の衰退要因が重なっていてもっとくわしい説明が必要なのですが、そのあたりは別の発言（熊沢、二〇〇二年）に譲らせてください。しかし、とりあえず大胆にいえば、少なくともフリーターは、一般的には非正規労働者を、そしてほぼ完全に臨時雇用の非正規労働者すべてを政策の視野の外においている企業別組合に頼ることはできません。彼ら、彼女らが既存の組合運動に無関心になるのは当然なのです。

## コミュニティユニオン

では、フリーターにとって、どのような労働組合が身近かな存在なのでしょうか。実は、一九八〇年代はじめ以来、未組織の小企業労働者やパートタイマーなど非正規労働者の切実なニーズを聴いて、その相談に応じ、会社に交渉し、一定の成果を上げている「誰でも入れる」組合が全国に七〇ほどあります。コミュニティユニオンです。

企業を横断するこの組合は、組合員の定着も、したがって財政的な基盤もつよくありませんが、献身的な活動家たちに支えられて、労働者が訴えてきた不当な解雇、一方的な雇用契約打ち切り、賃金不払い、サービス残業の強制、セクハラやいじめなどをしかるべく是正させています。実際、とくに小企業分野では、コミュニティユニオンがやってきてはじめて、社長が労働基準法や労働組合法を読み始めたりあわてて就業規則をつくったりという次第で、とくに違法行為のケースならば直ちにこれまでの扱いをあらためる、そんな小売店、飲食店、娯楽・美容施設、はては「ベンチャービジネス」の「経営者」は驚くほど数多いのです。コミュニティユニオンに教えられるまで、人を雇うときの最小限のルールを雇用主も「知らなかった」というわけです。若者たちのほうも不勉強のうえお人好しに過ぎて、いいようにされてきた面が多々あります。

コミュニティユニオンは、企業で働く従業員全体の労働条件の規制にはまだ限界はありますし、もっとも分散的で孤立している労働者層、フリーターの組織化はあまり進んではいません（以上、泰山／上田、二〇〇二年）。とはいえ、未組織かつ雇用不安定な若者の労働の状況にたいして労使関係的な介入を考えるならば、私は、ついにはこのコミュニティユニオンのもつ可能性に着目せざるをえません。なぜなら、孤立した労働者が訴えてくる、とくに1章2節で示してきたようなやりきれない処遇の数々は、今では決して例外的なものではなく、若年労働者にとってあまりにもありふれた受難であり、その一つひとつを実際に救おうとしているのは、既存の組合ではなくコミュニティユニオンだからです。

大阪府の例をあげれば、自治労は「公共サービスユニオン」とよばれる、コミュニティユニオンに似た個人加盟組織をつくって未組織労働者の数々の受難に対応しようとしています。そこには、たとえば「奉仕の強要」、サービス残業、休憩時間のカットに悩む保育士たち（聖花保育園の例）、「働き続けられる職場」を求めるケアワーカーたち（社会福祉法人「いちょうの森」の例）、なんの補償もなく一方的に解雇された病院のヘルパーたち（小泉病院の例）が相談に訪れ、この組織の援助のもとに主体性を発揮して、労働条件の改善や組合組織化を達成しています。これまで組合なんて知らなかったし、使命感に燃えて選んだ仕事なのにひどい処遇には辞めるしか方途を考えられなかったという、二〇代、三〇代の若者男女のはじめての連帯的な営みです。いま福祉施設で働きたいという若者はずいぶん多いのですが、処遇が「近代以前」という職場も多く、離職率は大変高いといわれます。しかし、組織化されて労働者の発言権が確保されれば、実際、定着率は飛躍的に高まっているのです。

また「北摂ユニオン」の記録では、ルールなき不当解雇を蒙った労働者が当ユニオンの団体交渉を経て職場に戻る事例は、そう多くありません。本人自身がその気持ちをなくしている場合もしばしばだからです。しかしそれでも、コミュニティユニオンは若者の尊厳を傷つけた経営者の言動を謝罪させたり、「自主退職」として退職金を獲得したりは十分にできます。「会社の組合」には頼れない、または「会社に組合」がないときでも、街にはこんな組合がある、こんな組合活動も育てうるということを、若者たちもぜひ心にとどめておいてください。

## 3　若者たちの主体性

### 「自分探し」の個人化・脱社会化

私はこれまで、入り口の狭くなった正規雇用であれ、フリーターのような非正規雇用であれ、およそ若者たちが働き続ける環境のきびしさを語ってきました。若者の労働意欲に問題があるとすれば、まずもって考えられなければならないのは彼ら、彼女らを迎える労働世界のありようだからです。若者労働政策も、仕事にたいする若者のいささか頼りない姿勢や「忍耐心」の不足を嘆き叱るよりは、こうした労働世界の環境形成を許した労働行政担当者、経営者、ユニオンリーダーなど「大人」の責任を問うべきでしょう。

けれども、この節では視点を変えて、若者問題の一側面とされている、若者の労働観や職業意識の現状をあえて批判的に検討してみましょう。かなり多くの若者が、卒業後はかならず働くと思い定めているわけではない、職業選択の方向決定も準備もできていない、とりあえず就職してもそこに定着しようとするがんばりがきかない……。私の大学教員としての体験に照らしてもやはり否定できない、このような心のありようがみられます。くりかえしますが、これらは労働世界の客観的な状況に対する若者の、とりわけ恵まれない家庭的背景を背負う若者の、ある意味では自然な適応です。しかし、この適応が、状況をいっそう深刻にしているということはできます。早い話が、若者が仕事なんてすべてとりあえずのものと思っているなら、会社はこれ幸いと「ハンズ」としての活用を続けるでしょう。

若者の意識のありようは広範な背景をもち、それを説得的に論じるには多方面にわたる見識を要求されます。若者の就業論という限られた文脈で私がいま検討したいこと、それは「個性尊重」の時代のキーワード、「自分探し」ということの内実にすぎません。

ことの性質上はっきりとは時期を明示できませんが、およそ九〇年代以降の若者は総じて、就職先や職種や雇用形態の選択については、あなたの個性を発揮できるようにあなた自身が選びなさいと投げ出されています。若者は長期にわたる「自分探し」が許され、「自分」が見つかるまでは、つまり「本当にやりたいことが見つかるまでは」、学校卒業後も就業上のステイタスは「とりあえず」でよいと認められています。ここには実は大きな階層差があって、恵まれない階層出身の若者ほど無収入の「自分探し」を許されていないのですが、今では「就職斡旋力」の衰えた学校はもとより、貧しい親にしても、子弟を「いやでも地味な仕事に就かせる」説得力を喪っているのです。

一九七八年にはじめて中国を訪れたとき、私は青年男女に会うたびに「将来どんな仕事につきたい？」と訪ねました。そのとき「郵便局で働きたい」と言った一人の少女を例外として、多くの若者はなんと「それはお上（通訳はそう訳しましたが、党や当局のことです）が決めます」と答えたものです。その答えと若者たちの表情の屈託のなさを私は忘れられません。なんという不自由さか。しかし翻って、個性を尊重されて「自分探し」で仕事を決める自由を享受する今の日本の若者たち、たとえば大学三年生に「どんな仕事がいい?」ときくと、彼ら、彼女らの言葉少ない答えはたいてい、「さぁ」とか「まだ……」とか「金融関係なんか」で、その表情は旅行の話をするときなどとはうってかわって暗いのです。「自分探し」は容易ではありません。

なぜ難しいのでしょう。平塚真樹（平塚、二〇〇〇年）とともに、私もたいていの若者の「自分探し」が個人主義化、脱社会化、心理学化しているからだと思います。

若者はあるとき突然、内面から、むくむくという感じで自分がわかるようになると考えているみたいです。けれども、天啓のように自己認識が自生する場合は少ないでしょう。平塚の言うように、若者は社会に出会うことなしに自分に出会うことはできないのです。この広義の「社会」との関係についてはのちにまたふれますが、ここでしばらく、若者たちの「自分探し」のこのような特徴の由来を尋ねてみましょう。

## 「まともさ」の誘導と強制——一九六〇～八〇年代

およそ一五～二〇年ほど前まで、日本の家庭や学校や企業は、次代を背負う若者たちにしかるべき成熟を遂げさせるように一種の「まともさ」を強制してきたと思います。

家庭についていえば、貧困家庭は少なくとも高卒の子弟に、どこかに正社員として就職する、そこで苦労を重ねる、家庭生活を営めるまでに昇格・昇給を得る努力をする——そんな生きざまを引き受けさせる倫理的な衝迫力をもっていました。かつてのフリーターはどちらかといえば経済的にゆとりのある家庭から輩出したということが、この間の事情を物語ります。私の勤務した中間層家庭の子弟の多い大学などでも、職業選択志向こそ弱かったものの、学生たちにとって就職はあまりにも当然の義務と考えられていました。それに女子学生の一〇時門限など、親の躾も結構うるさかったものです。男女を問わず階層を問わず、総じて親の規制力は相当のものでした。

学校では、なによりも、一九七五年頃がピークとみなされていますが、中学－高校－大学に至る受験競争がきびしく、それが全階層的に生徒・学生を「まじめ」にしていました。機会平等の時代が学校離れ、学業放棄の若者の比率を低めていたといえましょう。他方、就職機会は潤沢で、高校などはそれを前提に、「そんなんしてたら就職できへんぞ」と、偏差値と内申書を武器に「ゴンタ」を制圧することができました。服装や持物、マナーや下校後の行動などを規制するばかばかしいほどきびしい校則もふつうのことでした。

そして最後に登場する企業はといえば、正社員比率も高く、長期的な人材育成の方針をとってもいたため、ほとんどの従業員にフレキシブルな適応能力を内実とする日本的能力主義（熊沢、一九九七年）を身につけさせるような、またそれにふさわしい社員としての生活態度の育成をふくむ教育訓練に熱心でした。企業は従業員の全階層に、平等な期待をかけるかわりに指導がきびしかったといえるでしょう。

家庭、学校、企業という三つのエスタブリッシュメント（既存の権威）が若者に迫ってくる「まともさ」への、ソフトに言えば誘導に、ハードに言えば強制に、当時の若者は大勢としては従い、地味ながら堅実な生活者に成熟してゆきました。そして、そこに管理社会の支配を感じとった少数者は、反主流派の労働運動や、八〇年代にはかろうじてまだその名に値した革新政党や、学会や言論界に立てこもって別の生きざまを模索する「左翼」になりました。ともあれ、ここでもっと注目すべきは、上に述べたような既存の権威による若者の誘導または強制は、一九九〇年の頃から急速に後退しているようにみえることにほかなりません。

## 近年における家庭、学校、会社の変貌

それはなぜかについての全面的で立ち入った説明は私の能力を超えます。しかし、この変化は「いまや個性尊重の時代だから」というつよい信念がリーダーたちのなかに芽生えたからではないように思われます。どのエスタブリッシュメントも、その内部構造の変化ゆえに、従来の若者指導に自信をもてなくなったからではないでしょうか。

たとえば、両親はいま、ちょっと意見すると、子どもが「ウザイ」とキレるのが怖くて、しかるべ

き小言やきびしい忠告を控えるようになっています。「ふりかえってみると俺だって権威を振りかざすことができるほど立派ってわけじゃない」と、みずからを慰める親もいます。「ものわかりのよい親を装い、強く就職を勧めないことが若年無業化につながっているとの指摘もある」とは、財界人の苦々しげな発言です（経済同友会、二〇〇三年）。ともあれ、「友達親子」が、とりあえず親子双方にとって気楽な選択になっているのです。

学校はまた、卒業生を就職させる力の弱体化とともに、まじめな勉学や「学生らしさ」をつよく押し出す権威を失いました。「学級崩壊」や学力の地盤沈下が深刻化した時期は、新規学卒者の就職が本当に難しくなった時期と一致していると思います。「二〇年前の教員に比べると、いまの高校教員は、一定の『高校生らしさ』のなかに生徒たちを押し込める指導を後退させて、『脱生徒役割』に対して許容的となった」（耳塚、二〇〇五年）。校則も緩やかになりました。権威的な先生は少なくなりました。思えば不登校に対して「無理に学校に来させなくてもよい」と方針が転換されたことは、ことの適否は別として、こうした変化を象徴するものといえましょう。

そして企業は、経済グローバリズムのもと、従来の人材育成志向から離れて「即戦力」志向に転じ、選抜に選抜を重ねた正社員と、キャリアー展開のない単純労働、補助労働（この両者は決して同じではありません）に終始するフリーターなど非正規労働者との間に、はっきりと期待の格差をつけるようになりました。フリーターには、「望ましい社員」にふさわしい生活態度なんか、【良好な偏差値＋

良好な内申書】で保証される正社員型の「能力」なんかなくてもかまわないという感じ。当面の収入のためであれ、「自分探し」の経過点であれ、限られた仕事を、ときに長時間ではあるけれども実直に遂行してくれればいい、というわけです。たとえ「負け組」と言われようとも、統制に服するのが嫌い、あれこれ説教されるのが嫌いな若者にとって、皮肉にもこれはありがたいことなのです。

このような「まともさ」への誘導または強制の後退は、つい最近に政府が若者労働対策に乗り出すまで、新自由主義という時代のキーワードだけを掬いとったスローガン、「自己選択」「個性尊重」の名のもとに正当化されてきました。つまり職業・職場選択の文脈では、「自分探し」は若者自身に丸投げされているのです、「やりたいこと」はきみ自身が探すんだよ、と。ちなみに基本的な感性がつくられるのは一五～二五歳の時期といわれますが、二〇〇五年のいま、三五歳の人の感性形成期は八五年～九五年、いま二五歳の場合は九五年～〇五年に当たります。いずれも完全に上の「後退」以降に属します。問題はこの「丸投げ」された「自己選択」の現状なのです。

## なぜ「自分探し」がむつかしいのか

卒業を控えた学生たちは、見通しが絶望的でない程度に応じて、正社員就職をめざすかとりあえずフリーターになるか、そしてどんな業界で働くかという二点には、ひとまず希望を表明します。けれども、なによりも不明瞭なのは、どんな種類の仕事、どんな職種につきたいのかです。いうまでもなく、雇用形態と業界に関する希望は仕事に関する希望とは同じではありません。よくある例では、旅行業界に入社しても希望していた旅行の企画に携わることはむしろまれであり、割り当てられる仕事はたいてい旅行の契約販売でしょう。また、「金融関係」や公務員への希望者は多いけれども、その希望の内実は、真偽をさておけば「安定」であり、そこで具体的にどんな業務に就きたいかは考えられていません。

もちろん、この希望職種の不明瞭さは、日本の会社の正社員採用になお基本的にあてはまる原理――フレキシブルに働ける「社員」を迎えるのであって職種ごとに人を採用するわけではないこと――によって制約されています（次の章でよりくわしく論じることにしましょう）。しかし、多くの若者のほうも「やりたいこと」自体が定まっていないのです。小杉礼子はこう書いています。

「やりたいこと」重視の志向に親は理解・共感を示すことが多く、子どもは現実的修正に出会わないまま、「やりたいこと」を唯一のよりどころとして意識する。そしてときに「やりたいこと」と現実の労働市場の格差から目を背けて、選択の先延ばしをし、あるいは「やりたいこと」がないことに悩んだりしている（小杉編、二〇〇五年）

これはフリーターやニートを念頭において書かれた文章ですが、小杉らが政策論の視野から外して

表3-1 就業者の職業別分布　（単位：％）

| | 男性 | 女性 |
|---|---|---|
| 総数 | 100.0 | 100.0 |
| 専門的・技術的職業従事者 | 13.4 | 16.2 |
| 管理的職業従事者 | 4.6 | 0.7 |
| 事務従事者 | 13.1 | 29.0 |
| 販売従事者 | 15.2 | 13.0 |
| 保安・サービス職業従事者 | 8.8 | 16.4 |
| 農林・漁業作業者 | 4.5 | 4.5 |
| 運輸・通信作業者 | 5.2 | 0.3 |
| 製造・製作・機械運転及び建設作業者 | 34.3 | 19.3 |
| うち労務作業者 | 5.5 | 6.0 |

＊総務省『平成16年 労働力調査』より作成。

いるまじめな正社員志望にも十分に当てはまること。今では正社員就職もかなりの程度、「やりたいこと」の発見を後回しにした、とりあえずの選択なのです。

若者たちにとって、「自分探し」の結果としての「仕事探し」は容易ではありません。識者の多くは自己選択を若者に委ねたうえで「自分の好きなこと」を仕事にせよとアドヴァイスします。しかし「好きなことができる職業は？」と問われれば、若者たちは前期にはマスコミに登場するような華やかな職業、後期には、収入や権力がありそうに思われる「勝ち組」職業を思い浮かべるでしょう。あるいは控えめに、せめて社会的評価の確立した専門職を希望するかもしれません。しかし、もちろん彼ら、彼女らはほどなく、多くの人が希望するけれども実際になれる人はきわめて限られているような職業を得るに必要な諸々の条件――際だった才能、学校・学業関係の大成功、ハングリー精神や競争志向、がんばりのきく体力などに、自分は恵まれていないことに気づかされます。

社会の職業分布を冷静に観察してみましょう。表3-1をみつめて、二〇〇四年、多くの人が就いている主要職業（大分類）を男女別に順番に並べますと、男性では①ブルーカラー（工場・建設労働）三四％、②販売職一五％、③専門・技術職と事務職それぞれ一三％、④保安・サービス職九％。女性では①事務職二九％、②ブルーカラー労働一九％、③保安・サービス職と専門・技術職それぞれ一六％、③販売職一三％です。若者だけをとった表1-7（1章2節）とこの表との若干の違いも検討に値しますが、ここでは省略しましょう。ともあれ表3-1は、いま日本社会に需要されている労働者の職業別の多寡を大まかに表現しているのです。要するに地味な仕事が圧倒的です。多数者はどの社会にも不可欠な「木を伐り水を汲む」仕事を担っているのです。

もうひとつかんたんにでも紹介したいのは、『学校基本調査』にみる職業別就職者の分布です。二〇〇三年三月の数値ですが、やはり順番だけ示しますと、高卒男子では、生産工程・労務作業者五五％、保安・サービス職一〇％、販売職一〇％、専門・技術職四％。高卒女性では、サービス職三〇％、事務職二四％、生産工程・労務作業者一八％、販売職一八％、専門・技術職五％です。大卒では男女こみで、事務職三三・三％、技術者、教員、保健医療など専門・技術職三二・九％、販売職二三・六％となっています（文部科学省、二〇〇四年）。

高卒者では生産工程および労務職と保安・サービス職がきわめて多いのに大卒者では、キャリアー展開の幅が大きい事務職と専門・技術職が各三割に及ぶという、明瞭な学歴格差が認められます。少なくとも高卒の若者たちのほとんどが、あまりおもしろそうな仕事ってないなぁ、たいていは正社員でなければできない仕事ってわけじゃない、と思うのは当然です。ふつうの大学の卒業生にしても、自分の個性を生かせるような仕事は少ないと感じている人が多いでしょう。長い間苦労して勤め上げれば裁量権の大きい管理者になれるかもしれないけれども、右肩上がりの経済成長はもう望めない今では、そんな昇進も保障されているとはいえない、若者たちはそのように醒めています。よく指摘される、働くことに対する若者の白けた態度は、自分のもつ資源と社会の需要する職業分布——やりたくなるような仕事は相対的に少ないこと——に関する正しい認識の生む惰力にほかなりません。

## 「社会」に出会って働く

私は、個人の尊重・個性の発揮ということを、「やりたいことを職業にする」「自分の好きなことを仕事にする」という文脈で語ることに消極的にならざるをえません。今ここにある仕事は、産業社会にどんなに不可欠なものであれ、とりあえず「おもしろくない」営みが多いのです。がんばれば「おもしろい」仕事を獲得でき、労働の世界でも「自分らしく輝ける」という命題は、忌憚なく言えば多くの若者にとってひとつの空語にすぎません。それどころか若者は、自分の選択によって自分らしく生きなければならない、そのためには競争社会のなかで相対的に稀少な「勝ち組」の職業的ステイタスを獲得しなければならない——とかく称揚されるこの二つの通念の挟み撃ちのなかで、焦慮と鬱屈を募らせているように感じられます。がんばりたいけれどがんばれないしんどさを抱えているのです、彼ら、彼女らがさしあたり朗らかに屈託なく笑って日々を過ごしているようにみえても、です。

では、どうすればよいのか。うまく説得できる自信はありませんが、以上の若者および若者労働分析をふまえてあえて論を進めてみましょう。

経済的にも自立できるように、若者は二〇代後半には明確な職業選択をすべきだという命題はやはり否定できないでしょう。しかし、だからといって「自分探し」を果たすこと、個性的に生きること、そのこと自体は決して放棄されてはなりません。しかしまた、そのことは、情報源と見識が限られた個人としての自分がとりあえず感じる「自分のやりたいこと」でなければ続けてゆく仕事にしないという姿勢でよいということを決して意味するものではなりません。稀なことながら「好きなこと」を職業にできれば幸せでしょう。けれども、仕事にできることとは、自分の好きな行為であるというよりは社会の人びとに喜ばれる営みなのです。そして人間はたとえ労働そのものの形態では「おもしろくない」仕事であっても、ある「気づき」に促されて「思い定める」ことがあれば、そうした仕事においても前向きにがんばれる、私はそう考えます。その「気づき」「思い定め」との出会いこそは、人を「勝ち組」に押し上げる資源には恵まれない若者にもできる「自分探し」の成果にほかなりません。また、それあってこそ、「木を伐り水を汲む」働き手は、ミュージシャンやアスリート、政治家やホリエモン的ビジネスマンとは別様に輝いて、まぎれもなく個性的に生きることができるのです。

地味な仕事に就く若者たちに元気を贈るような「気づき」と「思い定め」に到るルートは、さしあたり三つほどあるように思います。すべては社会の人びととの関係こそが自分の役割を自覚させる関係です。もう一度いえば、社会と出会うことなしに私たちは自己に出会うことはできないからです。

ひとつは、社会の人びとの切実なニーズに気づいて、それを満たすことに自分でも役立てるのだと思い到るルートです。

とても平凡きわまる言い方ですが、卑近な例では、顧客の満足した笑顔にほっとするから、それ自体は単純作業であるサービス職や販売の仕事でも好き、苦しんでいる患者や障害者や高齢者の「ありがとう」にかけがえのない喜びを感じるから、それ自体はときにうんざりするお世話もふくむようなケアの仕事を続けてゆける、それらはきわめてなじみぶかい感覚のはずです。多くの労働者はその感覚で真摯に働き続けています。

また、もっと広く、この時代の世界と日本の枢要の課題、たとえば反戦平和、環境保全、貧困者を累積させる社会的格差の是正、うちひしがれた人びとのエンパワーメントなどの大切さに気づき、その気づきゆえに公務やNPOにおいて日々の地味な役割をきっちりと果たす、そんな若者も輩出しています。いわゆるノブリス・オブリージェス（選ばれた者の高貴な責務）の実感は、決してエリート層だけのものではないのです。いやむしろ、近年のエリート層からはもう失われつつあると言うべきでしょうか。

もうひとつは、主としてすでに働いている若者に元気を贈るルートなのですが、「ともにしんどい思いをしているなかまがいる」という発見です。

フリーターの低賃金や雇用不安、正社員の過重労働やストレスは、まずは自分の能力や努力の不足からくる自分だけの受難のように意識されます。労働者自身にそう意識させるのが「勝ち組－負け組」格差を公認する時代の特徴なのです。だから不遇の若者は、そこでがっくりして、あてどなく離職したりしてしまいます。しかし、あなたのしんどさはきわめて広範な若者に共通のもの、つまりあなたの労働問題はすぐれて他のみんなが悩んでいる労働問題なのです。そう気づくならば、問題を共有する潜在的なかまを助けあえる現実のなかまとして、協同して今のありかたを変えようとする知恵と力が生まれてくるかもしれません。

なかまづくりの方途は職場での語りでも、また若者が得意とするネットワークでもいいでしょう。要は自分の鬱屈を自分一人で抱え込まないこと。そして、このなかま形成の進捗に応じて、一見逆説的ながら、若者たちは、いろいろいやなことが避けられない今の仕事、今の職場でもう少しがんばってみようと考え至りもするのです。これは、とかく若者が忌避する労働組合によって職場を働き続ける場に変える営みに通じる発想です。ともに働くなかまとの交流が地味な労働に就く若者の持続を励ましているのです。

最後に、もっとも「冴えない」ようにみえながら、もっとも強靱にノンエリート庶民の労働観を支えている、「傍楽」（ハタラク）ということへの気づきがあります。

「傍楽」とは、自分が苦労することで傍らの誰かを楽にしているという実感です。旋盤工で作家でもある小関智宏の旧著と新著（小関、二〇〇二年）から学んだことです。自分の仕事そのものはたしかに「ぱっとしない」ものだけど、それで稼いで傍らの誰かを幸せにできると考えればがんばれる、労働者はずっとこの「傍楽」ってことを支えに生きてきたんだ、それが労働ってもんだよと、ある板金工は若い日の小関に語っていたそうです。これは、あるいは自分の労働のしんどさを自慰的にそらそうとする心の工夫のように感じられるかもしれません。けれども、「傍楽」はりあいに気づくことには、こんな自分にも身近な人間関係のなかで大切な役割を果たすことができるという、まぎれもなく等身大の自分の発見があります。私は、働くことにとかく消極的だった青年が、一九九五年の阪神大震災のとき、たまたま生き埋めになった被災者を何人か救い出してふかく感謝されたことを契機に、「妻子を養おう」と考えてまじめな建設労働者になったという話などに掛け値なしに感動してしまいます。私はそこに彼の「自分探し」の具体的な達成を見出します。広くもてはやされることはないにせよ、ここにその人なりの個性の輝きがあると言えないでしょうか。

傍らの誰かを狭義の家族に限り、「妻子を養う」のが男の責務と考えてしまえば、今ではそれは古きにすぎるかもしれません。しかし、男女を問わず、会ったその夜に別れたくないほど好きな人がいるなら結婚すればいい、「傍楽」元気が出てくるよ、二人ともフリーターでも、合算して年二五〇万円にもなればなんとかやってゆける、私は若者にそうアドヴァイス？　することにしています。2節で述べましたように今の労働市場と労働現場のきびしい状況は非婚が増加するひとつの原因なのですが、シングルでいることが働く意欲を弱くしている関係もやはり否定できないように感じます。

働こうとする意欲は、それが「自分のやりたいことだから」という、労働そのものの性格に対する個人的な好みからというより、すぐれて他の人びととの関係、つまり広狭さまざまながら「社会」のなかでの自己の位置づけによってこそ促されるものだということを、「傍楽」という労働観は教えています。こうして働こうとする元気に恵まれる関係は、もちろん「傍楽」以外のふたつの気づきにもあてはまるでしょう。

## むすびにかえて

若者たちは今、上に述べたような意味での社会との出会いをむつかしいと感じ、そのむつかしさゆえに、明瞭な職業上のプランをもち、そのための能力を育て、就職してからはその仕事と職場の状況を改善して定着しようと試みる、そんな意欲と自信を失っているようにみえます。きつい言い方になりますが、働くことに関する意思決定をくりかえし延期し、迫られればすべては「とりあえず」のことですませようとします。仕事上のトラブルへの対処はほとんど離職することだけ。そしてそうした主体性のありようがまたはねかえって、若者労働の状況をよくないままにさせているのです。

だとすれば、両親や教師など「大人」が、個性尊重と自己責任という美名のもとに、若者の就業問題の決定を若者に「丸投げ」したままでよいはずはありません。

端的に言って若者たちは、「社会」との出会いがいちじるしく苦手になっています。このことにはいくつかの要因が重層的に作用しているでしょう。さしあたり四〇年の教員体験から感じたことを思いつくままにあげると、たとえば、こんなことが影響していると感じます。

(1) 一五～二五歳という感性の形成期、日本社会は他国よりは相対的に安定しているようにみえ、そこに潜む矛盾のありかを鋭く突き出すような連帯の社会運動がほとんどすべて衰退を迎えていたこと。

(2) その間、産業構造の転換に駆動されて、若者を中心とした消費と娯楽の文化が明るく展開したこと。

(3) そのなかで多くの若者たちは、「カタイ」書物や新聞、硬派のTV番組などを通じての「暗いこと」の学びからじりじりと撤退していったこと。

(4) 両親や教師など異なる世代との会話がますます希薄になり、若者の情報や知恵のソースが、ケイタイやメールを通じての同世代とのコミュニケーションに限られるようになってきたこと。

いつの世でも、旧世代の若者批判には、いま若者が享受できる自由さへの羨望みたいなものがまとわりついています。私もおそらく例外ではないでしょう。しかし、経済環境の変貌した現時点において、多くの若者たちは、明るくふるまうことはもう許されないような労働市場と労働現場の困難に遭遇し、その困難を前にして立ち向かう気力をいささか喪失しています。その困難は、上に列挙したような要因がかかわって「脱社会」化した若者を、経済環境の変化の波を乗り切ろうする既存の体制がそれなりに「活用」する結果ともいえましょう。しかもこの「脱社会化」と不可分の裏面として、若者たちは奇妙にやさしく、社会の構造に対する批判精神というものから自由で、労働の状況に対する連帯的な抗いはほとんどみられません。

若者たちが「自分探し」に倦み疲れてしまうと、その挙げ句、将来の仕事のことは誰かに決めてほしいと願うようになるということさえありえます。自分で決められない人には「賢者」や権力が決定を与える方がむしろ幸せという、ドストエフスキーが『カラマーゾフの兄弟』のなかで「大審問官」に語らせている苦い思想の峻拒は、なお現代の若者たちの課題でもあり続けています。

かつての中国の「お上」のようなおぞましい統制は徹底的に拒み続けられなければなりません。しかし、ならば若者たちは、なによりも社会に出会うことを避けて個人的・心理的な試みにとらわれているゆえにこそ「自分探し」に悩み続けるのだと気づいてほしいと思います。大人たちのほうもやはりそんなことを、たとえうるさがられても若者たちに語り続けてゆきたいものです。

# 4章　教室と職場

この章では、日本の学校教育が若者の仕事にとってもつ意義（レリヴァンス）の現状を検証し、その意義を深める方向の模索を試みてみます。3章2節での「予告編」の本編にあたります。労働研究者からみた現代日本の教育問題――教室と職場、教育と就業の関係の再検討ともいえましょう。もっとも、教育問題ではまったく素人の私などの言うことは、多くの先生方はもう百も承知かもしれません。しかしともかく、問題提起をさせて下さい。

## 1　教室と職場　一九六〇～八〇年代

**【フレキシブルな適応力】としての日本的能力主義**

少し以前の状況をふりかえることからはじめます。その際、私はやはり、就職を望む若者を社員に選抜する企業の論理というものを考えの起点におきたいと思います。

経済史的にはそれほど厳密な区分ではありませんが、およそ一九六〇年代から八〇年代までの「戦後の成熟期」、すなわち高度成長期とそれに続く時期を通じて、日本の会社が若者たちに広く要請してきた能力は、端的にいって、なによりもよい学校で与えられた一般的な学力、それにまじめさ、明るさ、協調性といった性格、加えて体力にほかなりませんでした。当たり前のこと、それは今でも同じと考えられるかもしれませんが、ここには労務管理史におけるこの時期の特徴が現れています。

「この時期の特徴」とは、およそ六〇年代半ば以降、年功制度に包まれながらも次第に骨格を整えてきた日本的能力主義の浸透です（以下、熊沢、一九九七年）。俗に私たちの国は年功主義であって能力主義ではないと語られもします。しかし、欧米社会とは違った意味で、従業員の採用・選別とその後の処遇決定の両面において、この時期以降の日本企業は十分に能力主義的だったのです。ちなみにここでいう日本的能力主義は、それを適用する従業員の範囲と重視する着眼点をいくらか修正した上では、もちろん今でも健在です。では、若者たちが就職先である企業で要請されるその「能力」の内容とはどのようなものでしょうか。

ふつう欧米の場合、一般労働者に要求される能力は、特定の職種についてその仕事ができるかどうかという、範囲の限られた職業的能力、具体的には知識や技能や経験です。職場でもそれぞれの職種の間にはかなり明瞭な境界があって、経営者がその境界を無視して従業員を自由に配置することは、職種を明記した労働契約もあって、それほど容易ではありません。けれども日本の企業では、正社員に求められるものは、限られた職種の限られた能力なのではなく、なによりも職務の範囲、割当てられる仕事量（ノルマ）、働く部署などにおける絶え間ない変動をこなすことのできる適応力なのです。つまりフレキシブルに（柔軟に、または弾力的に）働ける能力でした。

日本の会社は、公的な資格を必要とし特定範囲の仕事のみに携わる看護師などを別にすれば、一般採用では溶接工、旋盤工、会計事務員、秘書、外交セールスマン、店員、システムエンジニア……を雇うというよりは、むしろ「社員」を迎えるのです。雇われた「社員」が「私の好きな仕事はこれ、これ以外はお断り」ということはサラリーマン、ＯＬにとってタブーです。終身雇用という暗黙の約束と裏腹に、ふつう配転は拒めません。日本では「就職」というより「就社」といわれる所以です。

この【フレキシブルな適応力】と地続きに、私が【生活態度としての能力】と名付ける日本的能力主義のもうひとつの内容が現れてきます。両者のわかちがたい関係は次のように説明できます。

## 【生活態度としての能力】と長期の人材育成

日本の正社員は、いま与えられている仕事だけをきちんとできればいいというわけではありません。その仕事は技術革新によって明日は変わるかもしれない、そのように変化しても仕事がこなせるように準備しておかねばなりません。また、既存の生産労働や事務処理の方法をただ受け入れるばかりではなく、少しでも今の工程からムダを省いて効率を高め、品質やサービスを向上させる日々の努力も求められます。そればかりか、チームで仕事をしているときには誰かが必要に迫られて休暇を取るかもしれません。そんなとき、休暇取得者の仕事をカバーするリリーフマンが置かれている欧米とちがって、日本の職場ではふつう、休んだ人の仕事は出勤者にばらまかれてしまいます。だから日本の正社員は、休んだ人のぶん増えた仕事をなんとかこなす工夫も要請されるわけですが、同時に、そのようになかまに迷惑をかけることがいやで権利としての休暇取得を控えてしまいもするのです。

要するに、いま与えられている仕事だけができること以上の努力が要請される。そんなところから、会社員は、生活の全体を仕事志向で会社中心とする態度・姿勢・性格を、半ば強制的、半ば自発的に要求されるようになります。たとえば、仕事が残っているとき、あるいは与えられたノルマが定時内では達成できないとき、残業や休日出勤をするかどうかは、厳密な意味では断じて能力の有無ではなく、態度・性格のありように依存します。しかし、日本企業では、大切な私用があっても残業を拒まずその日のノルマをやりとげてしまうという姿勢も、一種の「能力」として評価されがちです。また、近い将来の仕事の変動に対応できるようにアフターファイヴの「自己研修」に励む態度も、評価の対象となる「能力」のひとつです。現役のサラリーマンはそうしてファイナンシャルプランニング、不動産鑑定、旅行業取扱い、管理会計、税務処理、倉庫管理などの資格を取るためにがんばっています。それに勤務地の変動、つまり転勤は、これまたふつうは拒めませんから、家庭の営み方は引越しや単身赴任に耐えられるようでなければなりません。私生活の牙城たる家庭のありようも、サラリーマン人生の成否と決して無関係ではないのです。

いわゆる「会社人間」は、日本の会社の前近代的な体質の産物と思われがちです。けれども私は、会社人間はむしろ、【生活態度としての能力】をその一部とする日本的能力主義の定着以降に広く現れてきた人間像であるように感じます。

正社員の新規採用が数的に安定していた時代は有効求人倍率も高く、新規学卒は高い比率でどこかの企業に就職できました。しかし、その時期、若者たちを迎える企業が従業員に要請した能力はおよそこのような内容をもつものでした。もちろん、望ましい【フレキシビリティ＋望ましい生活態度】が若者にあらかじめ備わっているわけではありません。だから企業は男性を中心とした新入社員に、主としてＯＪＴ（仕事をしながらの訓練）を通じての「人材育成」を長期間にわたって実施するのが慣わしでした。年功制度はこの長期の人材育成に適合的です。年功制のもとでは、サラリーマン生活の成否いかんで、いいかえれば日本的能力主義をどれほど身につけたかによって、後に昇格・昇給が枝分かれしてくるのですが、たいてい三五歳くらいまでは「人材育成期」とされていて、処遇にあまり大きな格差はつきませんでした。企業の人材に関する観点は、現時点の「即戦力」論とは違って、総じて長期的だったのです。

## 学校の対応

このような企業の要請に対して、では、学校教育はどのような関係にあったでしょうか。端的に言って、戦後の成熟期、その関係は良好でした。学校や教師の主観的な意識においてではなく、客観的に、結果的に、という意味です。

誤解を怖れずにいえば、戦後民主主義教育の考え方は、基本的に、どんな出身階層の生徒についても平等に、できれば普通教育課程を延長し、一般的な学力の向上をはかることでした。中学—高校—大学と、普通課程を中心にともかく学歴水準を引き上げるのが望ましい——こうした教育の戦後的理念は、「階級社会」を特徴づける「複線教育」の批判に通じます。生徒たちの進路を早期から職業コースにわけるのは残酷なこととみなされていました。きみたちが将来に選ぶ職業がなんであれ、高い学歴は、社会に関する知識や判断力を培い、職業選択の機会を広げる、高校くらい（やがては大学くらい）は出ておいたほうがいいと、教師は語ってきたものです。これは高度経済成長期以来、子弟を進学させる経済的ゆとりを得た親の願いでもあり、職業選択を引き延ばしたい生徒の希望でもありました。

このような理念や願いが合力となって、日本の学校教育では、教育内容を個々の具体的な職業の要請に結びつける職業教育は、事実上、軽視されてきました。これは一見、産業界の要請と矛盾するようにみえるかもしれません。しかし、少なくともこれまでの産業界にとって、「良い学校」、多科目偏差値評価の優れた成績、「学生にふさわしい態度」など「学校関係の成功」を獲得した若者こそは、企業が培おうとする【フレキシビリティ＋生活態度としての能力】の要請に、応えうる可能性の高い人材だったのです。学校関係の成功をめぐる若者たちの熾烈な競争は産業界にとって望ましいことです。とくに需要の多かった事務・販売系ホワイトカラーには、一般的な成績、積極的な態度、体力以外には、特別に事前の職業能力は求められませんでした。問題はＯＪＴになじむかどうかなのです。その点では、「学校関係の成功」者は総じて「子どもの時からいやな科目でも投げ出さなかった」人のことですから、企業においてもフレキシブルに働く要請に適応しやすいと評価されてきました。

以上の成り行きとして、高度経済成長期以降、農業高校、工業高校、商業高校など「専門（職業）高校」への進学が次第に非自発的な選択になっていったことにも注目したいと思います。すなわち、学力不足のため大学進学を目指す普通高校に行けないゆえに専門高校に進む、そんな消極的選択になってきたのです。一九六〇年くらいまでは、農業を営む家を継ぐために農業高校に行く、家が貧しいから技能を身につけて化学工場に就職するため工業高校に行く――私の中学時代にはそのようなクラスメートもたくさんいました。しかしそれ以降には、「職業高校」を名のる高校自体が少なくなり、そこへの進学も職業的展望とはほとんど無関係になってしまったようです。「普商工農」という言い方さえありました。専門高校の先生方は、ここからでも大学進学はできるよと、勉学意欲の衰えがちな生徒たちを励ましてきたものです。

そして、もうこれ以上は就職選択に「執行猶予」のない大学でも、就職志望は具体的な職種という規定性を離れてきました。多くの学生が考える「大企業のサラリーマンやＯＬ」とは、一種のステイタスであって、仕事の内容を具体的に現していません。前章でも述べましたが、この点は現時点でも基本的に変わっていません。現時点について注目されるべきは、労働市場や企業社会の変化にも拘わらず、教育の考えかたや若者の職業選択の特徴がもとのままだということでしょう。

もう一度言います。企業が【フレキシビリティ＋望ましい生活態度】を求めていたことと、結局は若者たちの間に「学校関係の成功」格差が生れるとはいえ、さしあたり教育界が普通教育中心の学歴水準向上をめざしていたこととは、戦後の成熟期には整合的な関係にありました。戦後民主主義教育の理念に立つ「革新」の教育論は、「君が代、日の丸」や歴史認識についてはともかく、こと若者の進路・就職に関しては、企業による労働力需要の論理を内在的に批判する視点をもつことができなかったのです。

けれども、以上のことは、六〇~八〇年代に教室と職場の間になにも矛盾がなかったことを意味するものではありません。次にしばらく、保守vs革新というところとは別の次元から生まれていた諸矛盾と、その調整方式についてかんたんに検討しておきましょう。

## 進行していた矛盾——過剰の学歴

この社会の職業分布構造というものは、本来的に準ピラミッド型です。裁量権や収入において恵まれた職業は相対的に少なく、恵まれない職業は多いのが現実です。そこですぐ予想されるように、この構造と不可逆的に膨張してくる学歴水準との間に深刻な矛盾が生じることは避けられません。だから本当のところは、各学校レベルで学ぶはずのカリキュラムの内容を、多くの仕事の遂行にあらかじめ必要とされる知識・技能レベルとくらべると、基本的に「過剰の学歴」が進行していたと考えられます。

表4-1　新規学卒就職者の学歴構成

(単位：%)

| | 中学卒 | 高校卒 | 短大卒 | 大学卒 |
|---|---|---|---|---|
| 女子 | | | | |
| 1965年 | 43.2 | 50.8 | 3.5 | 2.5 |
| 1980年 | 5.2 | 60.6 | 22.5 | 11.7 |
| 1995年 | 1.5 | 41.9 | 33.8 | 22.7 |
| 2004年 | 0.9 | 31.0 | 21.8 | 46.3 |
| 男子 | | | | |
| 1965年 | 40.5 | 43.3 | 1.4 | 14.8 |
| 1980年 | 7.2 | 50.6 | 1.9 | 40.3 |
| 1995年 | 3.8 | 46.1 | 2.1 | 48.0 |
| 2004年 | 2.3 | 39.2 | 1.8 | 56.7 |

*厚労省『平成16年版 女性労働白書』より作成。
原資料は文科省『学校基本調査』各年版。

表4-1は、新規就職者の学歴別構成を年度別に示しています。

すさまじいまでの学歴向上です。一九六五年から九五年までの三〇年の間に、中卒は男女とも、二位の四〇%台から極小の比率に変わり、大卒は、男子では最大勢力の座を高卒から奪い、女子でも二三%に達しています。二〇〇四年の現時点ではこの傾向がいっそう高まって、女性就職者の四六%、男性就職者の五七%は大学卒の「学士」になりました。この学歴水準を前章3節の表3-1、就業者の職業分布とあわせてみると、「過剰の学歴」が十分に類推されるでしょう。この社会の職業のうち、入職にあたって必要な一般的知識という点で大卒の学歴がまず不可欠と思われるのは、専門・技術職の多くと事務職や販売職のごく一部にすぎないということが直視されねばなりません。結局、戦前の日本や発展途上国とは異なり、戦後も成熟期の日本では、ほんとうは学歴にふさわしい仕事に就けない人びとが輩出していたのです。

この矛盾は、では、どのように調整されていたのでしょう。その矛盾を調整する方途は三つほどあったように思います。

## 矛盾の調整

その一。考えてみると当然のことですが、矛盾のもっとも有力な調整方法は、企業が採用にあたって、全体としてレベルアップしてしまった学歴差だけによってではなく、それまでの競争トラックのなかでどうしても顕在化してくる若者たちを格差づける「望ましさ」の序列、すなわち学校差、成績差、さらには個人の属性や性格の違いを従業員選別の基準とすることとです。

若者たちの競争の結果としての「学校関係の成功」度が、職種と企業規模からみた就職の有利さの程度に相関します。たとえば企業はながらく、高卒新規従業員の選別において優良な高校の推薦をきわめて重要視してきました。高校から推薦される成績優秀者を採用するのは、知識が豊富だからというよりは、嫌いな科目でも投げ出さない「まじめ」さがあるからです。経営者はたとえば、高卒の学歴があれば誰でも、企業の求めるフレキシビリティを開発するOJTになじむとは考えません。したがって学歴水準は全体的に膨張したとはいえ、よい学校に入るための競争は、戦後の成熟期、激烈になる一方でした。この激烈な競争はしかし、不可避的な帰結として、学歴のレベルが上がるにつれ、それまでの競争の結果が累積した格差――進学競争の次の段階での出発点における有利・不利の違い――を若者に鋭く意識させます。ここに一見して奇妙なことながら、中学、高校、大学と進むにつれて高まってゆく比率で、勉学をあきらめた生徒・学生が輩出するわけです。ここから生じる事態は、それぞれの学歴レベルにおける平均的な教育内容や学力の質の低下です。私はこれを「学歴の平価切り下げ」とよびます。

企業側からこれをみれば、矛盾の調整は容易にみえます。かつては中卒がやっていた仕事に高卒をあて、かつては高卒がやっていた仕事に大卒をあてるだけです。新規採用者は、かつての高卒や大卒に想定されるような勉強をして労働内容に関するそれなりの欲求をもっているわけではないのだから、かつての学歴者にふさわしい職務に配置しなくてもさしてフラストレーションは感じないだろう、経営者はそう考えます。

学校で十分に勉強した若者はやはり知的判断が求められるような高度な仕事を求めると考えてみましょう。そうだとすると逆に、学業放棄は将来の仕事の内容に対する相対的無関心となって現れます。

どんな仕事でもいいよというわけです。だから、学歴水準と社会の職業分布との矛盾は、皮肉にも、学歴を「過剰」と意識しない、つまり不勉強の生徒・学生によって緩和されてきたといってよいと思います。それぞれの学歴レベルで懸命に勉強する学生ばかりであれば、職場での仕事内容や労働条件や発言権の乏しさに対する不満が、働く若者のなかからもっと噴出するでしょう。

その二。もう一つの矛盾調整は、総じて八〇年代末ごろまではなお「健在」であったジェンダー規範です。

普通の大学の教員なら誰でも感じてきたことですが、八〇年代の頃から「学校関係の成功」者は、断然女子学生のほうが多かったのです（その傾向は二一世紀の現時点ではますます明瞭です）。けれども、就職となると、そして仕事への配置となると、女性は男性にくらべて、企業内の制度上、あきらかに不利でした。女性は総じて、キャリアー展開のない、あるいはそれが乏しい「袋小路」の補助労働、単純労働に終始し、昇進、昇格、昇給の著しい遅れが明瞭でした。この職場のジェンダーははねかえって、はじめからジェンダー規範を内面化していたわけでない若い女性をも、否応なく性別役割分業の妥協的な肯定に誘いもします（熊沢、二〇〇〇年）。たとえば結婚・出産退職は、今よりはるかに「ノーマル」だったのです。

そしてここに注目すべきことに、こうしたジェンダー差別は、「学校関係」では不成功だった若い男性にも、就職してからがんばれば、今度は男のほうのジェンダー規範に従って「妻子を養う」ことのできるほどには、そこそこ「出世」できる余地を広げます。企業での選別競争のトラックを走る労働者が男性に限られるからです。ちなみに現時点ではそうはいかないのが、ノンエリート男性のつらいところです。

その三。いまひとつの矛盾調整は、旧世代の低学歴者の膨大な存在です。たとえばブルーカラー仕事の非常に多くの部分は、学歴の高くない中高年男女やパートの「おばさん」によって担われてきました。当時の若者たちの親世代にあたるこの人びとは、青春期がハングリーな時代だっただけに総じて働き者で、結婚前の正社員時代も、育児期以後のパート勤務でも、さらに定年後の再就職職場でも、販売、生産工程、労務などの地味な仕事を黙々と遂行してくれました。そのことが、この親世代の労苦ゆえに高学歴になった若者の就職先をいくらかは専門的な職務に、キャリアーの開かれた事務職や営業職に、あるいは若者の好む接遇関係の職業に押し上げたのです。1章でも述べましたが、現時点の若者にとっての労働内容という問題は、この親世代の労働市場からの不可避的な撤退が進むにつれてもっと深刻になるはずです。

### 労働力需要の潤沢さ

しかしながら、戦後の成熟期に学校と企業の関係がまず良好であった最大の要因は、うえに分析した「矛盾の調整」要因の作用もさることながら、なんといっても、高卒者からブランドレス大学――

「一流」とはいえないふつうの大学——の卒業生に及んで、広範な正社員需要があったことでしょう。

もっとも、極小になっていた中卒については当時から別でした。中卒者は仕事に必要な知識が不足というよりは「こんな時代に高校進学もしないのは本人か親かになにか問題があるに違いない、採用しないほうが無難だ」という、まぎれもない偏見によって有利な就職から排除されていました。けれども、高卒以上は「ふつう」とみなされ、企業規模と職業に差こそあれ、まずは社員として就職できました。先生方も、学校では「どうしようもない」生徒でも会社に入ればそれなりにがんばるはずと安心することができました。そして確かに会社というものは、親にも教師にもできなかった社会人訓練を若者に施しもしてきたのです。くりかえしますが、学校がほんとうに「荒れ」はじめたのは、若者がはっきりそう意識しているかいないかは別として、この潤沢な正社員採用が九〇年代以降、極端に萎縮してからのことのように思われます。

## 2　教室と職場の現在　一九九〇年代後半以降

### 労務管理の変化と若者労働へのインパクト

では、以上のような戦後の成熟期に関する把握をふまえて、現時点の教室と職場の関係分析に入りましょう。もっとも、以下のうち、企業の労務管理と職場の変化については、他の著書でもくわしく、本書でも1章でかなりふれていますので、ここではそれらの参照を乞いながら、短くまとめましょう。

およそ一九九〇年代の後半以降、それまでの教室と職場の関係を支えていた労働力の需要側、企業の労務管理はきわめて大きな変貌をとげてしまいました。これをもたらした背景は、端的にいって、経済のグローバル化と、バブル崩壊後の長期不況です。この経営環境の変化に対応すべく、日本企業は、人件費の徹底的な切りつめをはかる一方、経営のパフォーマンス評価をアメリカモデルに従って短期化させました。焦点を人事管理にすえて具体的にいえば、企業は年功制と不可分であった人材の長期育成を大切にするよりは、従業員に「即戦力」を期待するようになったのです。

以上に伴って日本的能力主義の管理にも、さまざまな点で注目すべき変化がみられます。すなわち、①正社員のきびしい限定と非正規労働者の広範な活用、②正社員の昇格・昇給基準における年齢と勤続という要素の排除、③従業員の評価における「成果」の重視です（熊沢、一九九七年）。文脈上、ここでは①だけを検討しましょう。

その内容は、さきほど私が【フレキシブルな適応力＋望ましい生活態度】が要請されると規定した正社員を絞り込むことです。日経連（今は日本経団連）は、これからの従業員は、この限定された(A)「長期蓄積能力活用型」のほか、以下、二種類の非正規労働者で構成されると展望しています。(B)専門職の有期雇用者と、(C)非専門職・一般労働を遂行する、その名も「雇用柔軟型」のパートやアルバイトです（日経連、一九九五年）。フリーターはむろんこの(C)グループに入ります。

ここでもっとも無視できないことは、圧倒的多数の就職者がまずは正社員になり、やさしい仕事から次第に難しい職務に上がってゆき、同時に昇格し昇給してゆくというこれまでの労働者人生が多階層に分断されたことです。今や(B)(C)の非正規労働者にとっては、低賃金で有期雇用というステイタスが継続的、永続的になる可能性が大きくなりました。それは日本でははじめての階層形成の公然化です。

そしてこうした従業員構成の階層化は、就職する若者に要請される資質の階層化をもたらしもします。従来の日本的能力主義管理にそれなりに適合的であったところの、普通課程的または大学文科系的な一般的学力をもつ若者への産業界の需要は大いに部分化するとみなければなりません。精鋭会社員的な適応能力の陶冶を内容とする「キャリアー展開」を期待される、そのような(A)正社員の採用が限定されるからです。一方、(B)には特化した専門的職業能力がいっそう要請されるようになりましょう。では、フリーターなどからなる(C)グループには？　そこはさすがに公然とは語られませんが、三浦朱門が教育改革についてのインタビューで語るところをふえんすれば「せめて実直さ」(斉藤、二〇〇〇年)でしょう。この三浦の発言を忘れないでおきたいものです。

経営環境と労務管理のこのような変化が、若者たちの就業に大きなインパクトを与えることはいうまでもありません。この点は1章でくわしく分析していますので、この章では次に述べる学校のしかるべき対応に関する私見の伏線として、あらためて要綱だけをあげて「復習」することにしましょう。

Ⅰ労働市場への影響、Ⅱ労働現場への影響にわけることができます。

Ⅰ　多くの新規学卒者にとって正社員としての就職が困難になり、フリーターなど非正規雇用者や無業者になる若者の比率が高くなった。

Ⅱ(i)非正規雇用の場合、有期契約という雇用不安定、生活の自立がむつかしい低賃金、あまりやりがいを感じられない単純労働といったしんどさがつきまとう。しかもその状態が継続的、永続的になる可能性も高い。

(ii)正社員に対しても、「即戦力」を求める成果主義にもとづく選別が強化されており、入社早期からの重いノルマ、長時間労働、休暇の放棄、査定に携わる上司との人間関係の緊張――などからくる過労やストレスをまぬかれない。

## 「教室」側のとまどい――就職難

では、教室と職場がかつての「良好な関係」を失った今、学校はどのように対応しようとしているでしょうか。さしあたりとまどっているだけのように感じられます。

高校であれ大学であれ、卒業生が順調に就職できないということのパンチは強烈です。たとえば就職戦線に赴くゼミの学生を前にして、私は「どれだけ不合格が重なってもへこむな」「昂然と頭を上げて」と励ます以外、なにも言えません。高校で就職希望者の相談に応じる教師はいっそう口ごもってしまうでしょう。フリーター問題の深刻さがそれほど指摘されていなかった二〇〇〇年頃にはすでに、たしか日本労働研究機構の「進路多様校」(忌憚なくいえばあまり偏差値の高くない高校)に関する調査が、一月時点の卒業者の予定進路を、正社員内定が二八%、専門学校・各種学校への進学が二四%、大学・短大への進学が一四%。就職および進学の未決定者、フリーターになると宣言している若者が併せて三三%と報告していたことを思い出します。

もうひとつ、伊藤正純の論文からいただいたものですが、表4-2を見て下さい。この表は実にいろいろなことを語っていて興味ぶかいのですが、もっとも印象的なことは、圧倒的多数が専門職につく看護学科を例外とすれば、他はまず学科に関わりなく、男女とも「技能工、製造等作業者」(工場労働)と「サービス職」につく人が多いことです。細かくみれば、男性は前者に、女性は後者により重く偏っており、商業学科ではさすがに「事務」が女性では一位、男性では二位にくるという違いは認められます。しかし、全体の印象は動きません。総じて高卒者は、短大や大学の卒業生、または主婦パートタイマーによって、「事務」や「販売」からはじき出されているのです。

ちなみに1章でも注意を促しましたが、サービス職とは、多様な専門職の活躍する場である「サービス産業」の雇用者のことではなく、専門職、事務職、販売職とは区別されて、接客を中心とする一般的なサービスに携わる人びとのことです。給仕従事者、接客社交係、娯楽場などの接客員、各種調

**表4-2**　高卒就職者学科別職業別割合　(2003年3月卒業)

| | | 専門的技術的職業従事者 | 事務従事者 | 販売従事者 | サービス職業従事者 | 保安職業従事者 | 農林作業者 | 漁業作業者 | 運輸通信従事者 | 技能工製造等作業者 | 左記以外のその他 |
|---|---|---|---|---|---|---|---|---|---|---|---|
| 男女計 | 247,074 | 4.8 | 12.8 | 13.3 | 19.2 | 3.0 | 0.8 | 0.3 | 2.2 | 41.8 | 1.9 |
| 男（計） | 136,889 | 4.8 | 3.3 | 10.1 | 12.1 | 4.8 | 1.2 | 0.5 | 2.9 | 58.2 | 2.2 |
| 普通 | 47,270 | 2.5 | 3.5 | 12.5 | 16.1 | 8.1 | 1.0 | 0.5 | 3.8 | 49.2 | 2.9 |
| 農業 | 12,259 | 5.2 | 1.7 | 10.1 | 12.4 | 2.9 | 7.2 | 0.4 | 2.3 | 55.4 | 2.4 |
| 工業 | 57,758 | 7.3 | 2.0 | 5.7 | 6.6 | 2.5 | 0.3 | 0.1 | 2.1 | 71.6 | 1.7 |
| 商業 | 14,307 | 2.5 | 9.8 | 19.9 | 15.7 | 4.5 | 0.6 | 0.4 | 3.2 | 41.5 | 2.0 |
| 水産 | 1,869 | 1.6 | 0.6 | 13.0 | 11.3 | 2.6 | 0.8 | 13.0 | 4.3 | 48.7 | 3.9 |
| 家庭 | 1,049 | 3.9 | 0.7 | 6.8 | 69.2 | 1.3 | 0.3 | 0.4 | 0.9 | 16.4 | 0.2 |
| 看護 | 39 | 71.8 | 0.0 | 0.0 | 12.8 | 5.1 | 0.0 | 0.0 | 2.6 | 7.7 | 0.0 |
| その他 | 898 | 5.2 | 3.9 | 10.2 | 17.4 | 13.1 | 0.3 | 0.3 | 3.1 | 42.0 | 4.3 |
| 総合学科 | 1,440 | 2.5 | 3.0 | 11.1 | 13.0 | 5.8 | 0.5 | 0.1 | 2.9 | 57.9 | 3.2 |
| 女（計） | 110,185 | 4.8 | 24.6 | 17.2 | 28.0 | 0.8 | 0.3 | 0.0 | 1.4 | 21.5 | 1.4 |
| 普通 | 48,978 | 3.7 | 18.6 | 19.3 | 33.0 | 1.1 | 0.2 | 0.0 | 1.5 | 21.5 | 1.5 |
| 農業 | 6,750 | 2.9 | 7.7 | 16.7 | 30.4 | 0.3 | 2.5 | 0.1 | 1.6 | 36.1 | 1.6 |
| 工業 | 4,544 | 7.9 | 13.5 | 11.3 | 17.4 | 0.7 | 0.2 | 0.0 | 1.0 | 46.1 | 2.2 |
| 商業 | 36,675 | 2.6 | 42.9 | 16.6 | 20.0 | 0.6 | 0.1 | 0.0 | 1.1 | 15.0 | 1.1 |
| 水産 | 373 | 4.6 | 5.6 | 21.7 | 33.5 | 0.0 | 0.0 | 1.6 | 2.9 | 24.1 | 5.9 |
| 家庭 | 7,961 | 5.6 | 8.9 | 14.9 | 38.0 | 0.3 | 0.3 | 0.0 | 1.2 | 29.8 | 1.0 |
| 看護 | 1,139 | 81.4 | 0.2 | 1.0 | 16.2 | 0.1 | 0.0 | 0.0 | 0.0 | 1.0 | 0.3 |
| その他 | 1,695 | 28.3 | 12.7 | 10.0 | 33.0 | 1.3 | 0.2 | 0.0 | 1.3 | 11.9 | 1.4 |
| 総合学科 | 2,070 | 5.6 | 19.6 | 16.9 | 30.3 | 0.5 | 0.2 | 0.0 | 1.6 | 22.5 | 2.9 |

＊伊藤正純（2001年）より。原資料は『学校基本調査』。

理人、クリーニング工などがここに属します。ホームヘルパー、理美容師、グルメレストランのコックなど一定の資格や技能が必要な仕事もふくまれるとはいえ、基本的には非専門職で、高度の知識、熟練、経験などが求めれることはまずありません。このサービス職の性格と比率の高さを、今日の若者労働論は軽視してはなりません。マクドナルド勤務に由来する「マック仕事」研究がいま必要な所以です。

フリーターの増加と、高卒就職者の職業分布（二〇〇三年時点での数値については、浅川／上山、二〇〇四年。本書1章5節を参照）とは、むろん密接な関係があります。工場労働、サービス職、ついで販売職では、直接雇用および間接雇用の非正規労働者が活用される割合がきわめて高いのです。もちろん前項の日経連分類ではグループ(C)です。高校や大学を卒業または中退してフリーターになる若者が、ファストフードの直接雇用で働く、または人材派遣企業を通じて工場で働く（補章参照）といった「選択」は、いまやまったくありふれたルートになっています。

## 空語と化した「職業選択」

このような環境のなか、もともと希薄だった就学中の若者の「職業選択」志向は、今やほとんど空語になっています。とくに展望の描きにくい普通高校卒の就職希望者ではそうです。私は九〇年代の末の大阪で、一〇段階に分類すると四くらい、つまり、あまり学力の高くない普通高校の就職の現状を調べたことがあります（熊沢、一九九八年）。そのとき得たまことにきびしい感触が忘れられません。まず生徒の三〇％くらいが中途退学しています。就職できる人も大企業入社はほとんどありません。では、高校は就職の斡旋をどのようにおこなうのでしょう。

高校は縦軸に大、中、小という企業規模、横軸に生徒たちの希望する職業――事務、販売、サービス、工場労働という「望ましさ」の序列がありますーーを示したマトリックスをつくっています。こうしてつくられる枡目の右上から左下へ、成績のよい生徒から順番にあてはめてゆくのです。最優秀の生徒は大企業事務へ、中位の生徒は中企業の販売へ、そして「最低」の生徒は小企業の工場労働やサービス職へ、という次第です。成績順位が下がるにつれ、就職先の企業規模と社会的評価や「格好よさ」を反映する職業の序列が下がってゆきます。「底辺校」の成績のすぐれない若者が、就職先に関してとても「希望」など言えないと思うのも当然でしょう。そういえば九〇年代はじめに出版された刈谷剛彦の研究にもすでに、たとえば、はじめはブティックの店員になりたいと思っていた成績優秀な女子生徒もやがて学校の勧めにしたがって志望を地元の最有力企業、たとえば電力会社に変えるというエピソードが紹介されていたこと（刈谷、一九九一年）を思い出します。

当時は「一つの求人に一校から一人の推薦」が高校就職斡旋の慣行で、同じ高校からの複数の応募は許されませんでした。すでに述べましたように、企業が高校推薦に頼るのにはそれなりに理由があります。また、「あなたみたいな成績優秀者はブティックより電力会社」、「分数計算もできなければ販売職は無理」などと指導する教師も、それなりのリアリズムの上に立ってはいます。総体として就職が難しければなおのこと、教師は「競争力」の乏しい生徒・学生に、不利な就職先でも受け入れるようつよく勧めることになるでしょう。けれども、このようなルート誘導のどこに「職業選択の自由」があるというのでしょう。

「一校から一人の推薦」という就職指導は近年ずいぶん緩和されているといわれます。とはいえ、就職の指導・斡旋の方針と、職種や仕事内容に関する若者の希望との関係が希薄なことは、なかなか払拭できない日本の教育の伝統であり、この伝統は、現時点の環境のなかでいっそう、若者たちの職業選択志向を場当り的なものにしているように思われます。

一定比率の生徒・学生から「最小限のまじめさ」が失われていると多くの教員が感じるようになったことも、以上のことと無関係ではありません。くりかえしになりますが、これまでは「そんなことしてたら就職できへんぞ」というのが教員の最後の言葉でした。そして「とにかく就職はして生計を立てなければならない」という否定できない事実の認識が、たいていの「落ちこぼれ」をシュンとさせ、そこで最小限の学校秩序が保たれていました。けれども今は、「先生、そんなこと言ったってどうせまともな就職なんてでけへんやろ」「俺、フリーターになるんやから……」と返されてしまいます。高卒最大の「希望職種」は今フリーターともいわれます。この「希望」はむろん真の主体的選択ではなく、状況に強いられた消極的な納得にすぎないとよくわかってはいるのですが、教員たちはさらに返す言葉を見つけられないでいます。

## 『ハマータウンの野郎ども』をめぐって

ここで少し脇道にそれます。一九七〇年代末のイギリスを舞台に、義務教育（セカンダリー・モダーン・スクール）最終学年に在籍する労働者階級の子どもたち（もちろん「就職組」）にとっての、「教室と職場」を克明に調査した教育社会学の名著があります。山田潤によるみごとな翻訳書のタイトルは『ハマータウンの野郎ども』です。

この本の視野と洞察はとてもかんたんに紹介できるほど単純ではないのですが、ここには、がんばって勉強して有利な職に就くという公認の「学校文化」に価値を認めず、「学校関係の成功」を求めることをむしろ進んで放棄している労働者階級の子どもたち（野郎ども）の姿が生き生きと描かれています。彼らはしかし、学校では「落ちこぼれ」ても決して打ちのめされていません。いわば従容として底辺の肉体労働の世界に入ってゆくのです。ここで注目すべきことは、彼らがなかまとともにそこに立っている「反学校文化」は、親や地域に根付いている「たくましさも退嬰もあわせもつ」労働者文化に支えられていることです。親たちは、野郎どもの学校への反抗を黙認したり、職場に助け合う連帯があればどんな仕事でもそれなりにやってゆけると語ったりという次第なのです。

「野郎ども」のこうした学校への反抗・労働への順応は、職業の分布構造の現実に目を覆ったまま、がんばればどんな職業にも就けると説きがちな競争主義・能力主義の欺瞞性を白日の下にさらすという「光」を放つとともに、誇りさえもって既存の底辺労働を引き受けてゆくという彼らのかぎられた展望が、結局は階層社会を再生産させているという「影」もひきずっています（以上、ウィリス、一九八五年）。しかしともあれ、最初にこの原著をよんだとき私が一番に感じたことは、八〇年代頃の日本では、学校関係で不成功になった若者は、おそらく親からも地域社会も、そしてもちろん企業社会からも擁護されることなく、どうしてもうちのめされるだろうということでした。よかれ悪しかれ日本では、ここでいう「学校文化」、競争や能力主義的な選別の正当性にたいする合意が、家庭―学校―企業を縦断して包摂しているかに思われたからです。

歴史の皮肉というべきでしょうか。その後の経済社会の変化のなかで、ここではくわしく検討できませんが、「サッチャー以後」、イギリスは日本に近づきました。学校の「落ちこぼれ」をそれなりに昂然とさせていた労働者文化や労働組合運動や社会保障体制は危うくなっています。近年のイギリスなどには、増え続ける無職の若者など、社会のエスタブリッシュメントから疎外されて誰も頼ることのできない人びと、つまり「社会的排除」にさらされた人びとに、なんとか社会的な「居場所」を提供しようとする「社会的包摂」の考え方（樋口、二〇〇三年）が台頭しています。私には、この社会的排除の現象こそは、昂然たる「ハマータウンの野郎ども」から昂然たる気概を奪った「サッチャー以後」における労働者文化崩壊の産物であり、社会的包摂の思想は、「修正サッチャー主義」ながらなお社会民主主義の性格を残している、労働党ブレア政権が無援の若者を抱擁してふたたび国民の統合をはかろうとする試みであるような気がします。

一方、日本では、学校のありように関してはは奇妙にかつてのイギリスに似てきました。「学校文化」への反抗者が続出しており、学校は就職斡旋という、生徒に対する究極の統制手段を失っています。

とはいえ、もちろん日本では、かつての「野郎ども」を抱擁した労働者文化は今のところはるかにでも展望できないのです。学校関係で不成功になった若者、典型的にはフリーターやニートになる若者は、彼ら、彼女らに元気を与えてくれる思想、なかま、組織や機関をどこかに求めることができるでしょうか。

なんといっても大きな資源とノウハウをもつ学校には、もう少しできることがあるはずです。終節では、現時点の状況をふまえて、ここを考えてみましょう。

## 3　私の提案――職業教育の重視

### 学校批判と教育改革論

日本の戦後教育の最大の問題点は、経済成長下の新規学卒への潤沢な雇用機会のなか、多数の若者の職業選択への実効あるガイダンスを、中学⇒高校⇒大学と次々に先送りにしてきたことだと思います。言いかえれば、日本の学校では総じて「職業的意義」が希薄なのです。この性格は、「教室―職場関係」がうまくいっていた時期でさえ、日本的能力主義への労働者の順応それ自体が引きずる影としてそれなりの問題性（熊沢、一九九三年）をはらんでいたのですが、現時点ではいっそう、若者たちがきびしい労働市場と労働現場を生きぬいてゆける知恵と力を失わせているかにみえます。

**表4-3** 学校生活を通じて教えてもらいたかったこと（無業者，複数回答）

（単位：%）

| 項目 | 割合 |
|---|---|
| 職業に必要な専門的知識・技能，資格・免許 | 58.8 |
| 社会人としてのマナー | 43.5 |
| 職業の選び方 | 33.6 |
| 各職業の内容 | 29.9 |
| 労働者の権利，雇用保険等職業に必要な基礎的情報 | 27.5 |
| 就職活動のノウハウ | 26.4 |
| ハローワークの利用法 | 20.4 |
| 各職業の賃金・労働時間等の勤務条件 | 17.3 |
| フリーターや無業者のリスク | 16.7 |
| 学校で教えてもらいたいことは特にない | 14.9 |
| 読み書きや算数・数学などの基礎学力 | 11.0 |
| 先輩の就職先 | 6.6 |
| その他 | 3.8 |

＊厚労省『労働経済白書』（平成17年版）より。
原資料はUFJ総合研究所『若年者のキャリア支援に関する実態調査』（厚労省委託，2003年）。

「負け組」とみなされもする無業者が「学校生活を通じて教えてもらいたかったこと」はなにかを示す、表4-3を見て下さい。「職業に必要な専門的知識・技能、資格・免許」、「社会人としてのマナー」、「職業の選び方」、「各職業の内容」「労働者の権利、雇用保険等職業に必要な基礎的情報」……が浮び上がります。学校における職業的意義の希薄さに対するまごうかたなき批判がここにあるといえましょう。もうひとつの資料として、一九九八年度の高校を卒業した就職者と未就職者が「高校時代にもっとやっておけばよかったと思う事柄」を紹介します。就職者では、以下の順位で

①職業に関する教科・科目の勉強や職業資格を取得すること——四一%

②自分がやりたい仕事、自分に向いている仕事をみつけること——三九%
③社会人としての言葉づかいやマナーを身につけること——三三%
④社会に様々な職業があることや、その仕事の内容について知ること——二八%

が上位を占めています。この思いは未就職者でもあまり変わりません。比率の高いものから上の番号で並べますと、②——四九%、①——三五%、③——二一%、④——二〇%なのです（以上、厚労省、二〇〇五年②）。このような「後悔」を若者たち自身の責任とすることは基本的に不当です。要するに学校教育は、若者たちの将来の職業にとっての意義をもっと深めるべきなのです。若者たちの学校教育へのこうした感想はそして、今では大卒一般についても十分に当てはまることなのです。

もちろん、政府の教育政策・教育行政も、およそ八〇年代に深刻化する若者の「学校離れ」や、九〇年代後半に本格化する学校から職場へのトランジションの困難などを対処すべき問題と意識して、さまざまの文脈から教育改革に着手しています。すでに3章1節で検討した就業支援策を別にしても、近年では若者の将来の職業選択を視野に入れた高校改革を次々に提案しています。教育論プロパーによわい私には、その一つひとつを丁寧に紹介し検討することはできませんが、そうした提案のうちには、学習と職業との関係を深めるという一点において支持しうる提案もたしかにふくまれてはいます。

けれども、私の印象では、近年、「ゆとり」を掲げて登場した教育改革論では、進行しつつある若者の階層分化を公認し促進する側面がやはりつよいように感じられます。すなわち、一方では、創造性のあるリーダー、ハイタレントを早期に発見し育成する機会を広げながら、他方では、「ふつうの生徒」には、フラストレーションを募らせるようなむつかしい学業負担を軽減して、単純な労働にも順応できる実直な職業意識を涵養する——そんな思想が伺えます。ここには、古い生得的能力格差論（生まれつきできる子とできない子がいる）と、新自由主義的な結果的成果格差論（ともかく競争させれば、その成果によって社会階層内での位置づけが決まる）とが混在しているようです。しかしともあれ、両者は階層形成の正当化という点では共通であり、ともに、早期から若者に職業コースを選ばせることを避けてきた戦後教育の平等の理念を非難する位相に立っています。ノンエリート若者たちの希望や後悔を汲むような職業教育の重視論は、それゆえ、この階層形成の正当化論と緊張を保ちながら提起されなければならないのです。

## ふくらませた職業教育——職業教育総論

私たちは今、社会の階層化という現実を直視しながら、それでもすべての若者たちが、地味な仕事についても人間として胸を張って生きてゆける、そんな展望をもてるようなふくらませた職業教育を、どの学歴レベルでも意識的に追求しなければなりません。職業人としての心構えの訓示と会社案内に留まらず、職業社会に飛び立ってゆける「翼」を若者たちに用意する必要があります。スローガンは、既存の職業に順応するばかりでなく、その職業で生活を守りながら、既存の仕事内容や労働条件に現れる階層性そのものをできるだけ克服できるような職業の学びを！　というものです。

現時点では「高校全入」を一応の前提として、高校段階の教育内容を考えてみましょう。教育課程やカリキュラムの具体的な提案は素人の私にはできませんけれど、私はまず、従来の普通高校でも、新しい総合学科の高校でも、また、なんらかの基礎専門に特化した専門科の高校においても、総合学科ですでに基礎科目とされている「産業社会と人間」のような諸科目を、すべての高校生が徹底的に学ぶべきことと位置づける必要があると思います。これを「職業教育総論」とよんでおきます。大学進学をめざす若者も、決してこの学びを免除されてはなりません。では、より具体的には、この「総論」でなにが学ばれるべきでしょうか。

第一。この社会の分業構造のなかにあるさまざまの仕事の数的比率と、それぞれの仕事が果たす社会的役割と、社会的に要請される職業倫理です。専門職や管理職の役割についてはよくマスコミで脚光を浴びますが、教室ではとくに一般事務員やセールススタッフ、店員や「マック仕事」、工場の組立工やトラック運転手、また清掃労働者など、多くの人びとがつく地味な仕事が社会で果たす大切な役割に目を配る必要があります。一方、「経営者の社会的責任」などももちろんこの学びのうちに含まれます。

第二。働く人びとがこうした仕事について感じることのできるやりがい——たとえば自己決定と工夫の余地が大きいとか、この仕事あってこそ人びとはこのようなニーズを満たせるとか——が語られねばなりません。

しかし、しばしば教員が語りを避けるのは、その仕事にまつわる現実のしんどさです。先生方はしばしば、この仕事も楽しいよと若者を励ましたくなりますが、とくに若者が就きがちな仕事については、いくらか我田引水ながら本書1章で示したような、雇用保障、仕事量、労働時間、賃金、労働環境などにおける現在の「暗い」状況をもきちんと指摘しなければなりません。明暗あわせもつ仕事の全体像を若者に紹介すべきなのです。短期の職場体験はたいてい「これもおもしろいところがある」という印象を若者に残します。それに対して、総じてしんどさは仕事を継続するなかでじわりとくるもの。もし教師がその予想されるしんどさを語ることがなければ、学校は結局、本当のことは教えなかったと若者たちに評価されることになるでしょう。

第三。若者の就くたいていの仕事はしんどいという認識があってはじめて、教師たちは、そのしんどさを同じ職場、同じ仕事、同じ地域で働くなかまと協同して改善する方途についての語りを、職業教育の不可欠の一環としなければならないと痛感することでしょう。政財界の職業に関わる教育政策に決定的に欠けているのはこの環にほかなりません。より具体的には、労働基準法、労働組合法（労働三権）、労働安全衛生法、労働者派遣法、男女雇用機会均等法、育児休業法のような労働法、雇用・年金・医療保険など社会保障のしくみ、そして生活と権利を守るため労働者たちが遂行してきた社会運動の歴史と現状……。課題はつきません。今、どれほど多くの若者たちが、これらをまったく知ることなく就職してゆくことでしょう。私がこれらを必須の学習課題とみなすのも、あまりに多くの若手社員やフリーターが、労働者の権利などをいっさい顧慮しないでのし上がってきた「勝ち組」の若手経営者などによって、ときに人権侵害ともいうべき扱いを受けている事例が数多いからにほかなりません。少なからぬ若者が、「結果さえ出せば評価してくれる」という若手社長の約束に殉じて、「なんでもあり」の激務に心身を消耗させているのです。最低限の労働者の権利や保障の法規を、社員やフリーター自身が知らないこともまれではありません。

## 教育の「市民的意義」

第四。このほか、いわゆる一般教育との境界は不分明ながら、どんな仕事につくにせよ今日の職業人すべてに要請される教養の諸領域に関する必須の学びがあります。

気鋭の教育社会学者は、これを教育の「職業的意義」とともに追求されるべき「市民的意義」として、消費者教育、金融教育、司法教育、政治参加、メディアリテラシー、環境教育、食育、育児・介護教育などを例にあげています（本田、二〇〇五年）。これはふつう、正式のカリキュラムにあまり登場しない課題なのですが、私見では、例示されたテーマは、職場外の生活にとって不可欠な知恵というにとどまらず、上に述べた職業倫理にも関連し、また労働条件および労働環境の劣悪さとか雇用における女性差別とかを是正する職場内外の営みを支える知識群・認識群でもあって、実に目配りがきいており説得的です。

もっとも私は、カリキュラムにうまく組み込めるかどうかは別として、ファッションやおしゃれ、映画や小説や音楽やスポーツの楽しみ方みたいなことも、もっと教室の話題になってよいと感じます。そこから若者たちが「好きなことを仕事にする」（村上、二〇〇三年）道を発見できるかもしれないという文脈で言うのではありません。自分でもちょっと矛盾しているとは思うのですが、多くの仕事のしんどさをたじろがず見つめるならば、好きなことを仕事にできることなんて滅多にないよ、余暇を楽しむすべを身につけなきゃ、という発言に、がんばればどんな仕事にでも就けるよというアドヴァイス以上に、私はしばしばリアリティを感じてしまいます。実際、若者たちは余暇の楽しみによって労働生活を相対化してやりきれない仕事に耐えている、そんな場合もきわめて多いと推察します。だからその余暇の享受を不可能にするような労働時間は耐え難いのです。それゆえ、なまなかに放棄できないほどしたたかに余暇の楽しみを身につけるよう勧めることは、決して若者たちにたいするいいかげんな対応とはいえないのです。

## コースの分化と職業教育各論

さて、以上を職業教育の総論とすれば、各論はもちろん、それぞれの仕事分野に応じた知識と技能の学びです。従来はもっぱらこれが職業教育とよばれてきたのですが、現時点では、現実の仕事のME化・OA化・IT化、企業活動のグローバル化などに伴う職種境界の不断の変動にフレキシブルに対応できるような、多能的な知識と技能の教育が十分に施されねばなりません。仕事に関するこうした十分の知識や技能こそは、若者たちにはじめに与えられた単純な職務の内容を、裁量権のより大きい「おもしろい」営みに変えてゆく力の基礎になります。

この各論が学ばれる場、学校の種類は、総論学習の過程で培われる若者の一定の職業選択志向にもとづくコースの分化によってどうしても異なるでしょう。すでになんらかの専門に特化した高校の場合には、各論の講座は、おそらく学年の後期を中心とするにせよ、その高校で用意されねばなりません。問題は、なお多くの若者が「とりあえず」希望すると思われる大学進学者です。

若者たちが、職業的な展望をもつことなしにともかく、ときには学部さえ問わず、大学へ進学して就職時に立ちすくむ、そんな挫折の姿を私たちは十分にみてきました。平凡な意見ですが、とにかく大学へ進めばなんとかなるという時代ではありません。若者たちは職業教育総論の学びを通じ一定の職業的展望をもって専攻学部を選び、大学は学部教育のなかで、それぞれの分野の総合職的な事務・販売職、または専門職を希望する学生たちに充実した職業教育各論の講座を用意するべきです。その上で、医療、法曹、教育研究といった高度専門職の分野に挑戦する若者は、大学院などに進んでいっそう各論の深化に努めることになるはずです。

普通科、総合科を経て専門学校へ進む若者の場合は、専門学校が各論を学ぶ場になるでしょう。今では、たとえば大学の経済学部を出ても就職がうまくゆかず、卒業後あらためて情報処理や理美容や福祉関係の専門学校へ進むといった例もめずらしくありません。この教育機関は、デュアルシステムなどの拡充を通じて、工場の熟練職種、事務・販売、準専門職などの広範な仕事領域に就職してキャリアー展開できるような能力を卒業生に保障したいものです。

では、普通高校や総合学科の高校を卒業してすぐに就職する若者たちは、職業教育の各論、すなわちそれぞれの仕事に必要な知識や技能の学びはどうなるのでしょうか。

この若者たちに対しては、一般に特定の知識や技能の学校教育は不必要とみなされています。現実の企業社会が彼ら、彼女らに用意するのは、たいてい非熟練の工場作業、補助的な労務職、店頭販売や接客サービスといった一般労働であり、しかもキャリアー展開の許されないフリーターなどの非正規雇用だからです。しかもくりかえし言えば、企業が長期的な雇用と人材育成の労務管理から撤退しつつある現状では、この仕事の性格や雇用身分は長らく継続的なものになる可能性があります。この「ハンズ」としてのステイタスの継続可能性が、はねかえっていっそう、この人びとの職業教育各論を不必要視させているのです。

私はここにきて立ちすくまざるをえません。考えうるのは、ハンズとしての働き方を経過的な体験とさせ、若者が仕事上でキャリアー展開のできるような労務管理を企業に採用させる政策的な介入を制度化することでしょう。けれども、企業の選択権が圧倒的である状況をみるならば、不可欠なことは、状況を変えようとするハンズの若者自身による抵抗にほかなりません。職業教育総論の第三、生活を守るすべ、および「教育の市民的意義」にかんする学びは、この文脈でもっとも決定的な役割を果たすはずです。マナー教育もさることながら、もっと大切なのはハンズとしての扱いに抗しうる知恵と力といえましょう。たとえば、「……一生ずっとフリーターは可能だ……そう言いきるための社会的条件をひとつひとつ模索し、（空想的逃避ではなく）現実の中で勝ち取ってゆく」（杉田、二〇〇五年）。そのように考える若者が現れるのをひたすらに期待するのは私だけでしょうか。

## 関連する三点

最後に、以上の提案に関連して、次の三点にぜひふれておきたいと思います。

ひとつは、職業教育の「総論」は高校段階で終わるものではなく、知識・技能に関する「各論」がどの進学先で学ばれようと、その職業コースにより具体的に即したかたちで続けられなければならないということです。システムエンジニア、セールススタッフ、教師、ナース、調理師、大工、溶接工、トラック運転士……、なんであれ、その職業に向かう若者は、その職場で生きている人びとのよろこびとつらさ、そこで生活と権利を守ってきた運動の歴史などを学び続ける必要があります。サービス残業が違法であることも知らない営業マン、「テクノストレス」の可能性を知らない情報処理技術者、

「ニッパチ」（夜勤は月八日以内、二人チームでという組合規制）の伝統を知らない看護師、アスベストの危険を予知できない建設作業者などを、学校は送り出してはならないのです。大切なことは要するに、学校の全課程を通じて、教室での勉強と卒業後の仕事のありようとの、今は希薄になっている関連性を濃くすることにほかなりません。

もうひとつ。職業教育では、総論、各論とも教師が職業や企業の現実につよくなる必要があります。しかし、その点で限界があるのは当然ですから、思い切ってときには、地域の職業人を教師に、企業や職場を教室にできる教育方法のフレキシビリティが必要です。成功した経営者ばかりでなく、ふつうのサラリーマン、商社マンや銀行員、システムエンジニア、ファミレスの店長、病院のナース、介護ヘルパー、有名店のコック、人助けコミュニティユニオンの担い手などが「自分の仕事」を語ることが望ましい。実際に行なわれたところでは、この試みはどこでも学生・生徒に高く評価されています。「はじめてわかったことがいっぱい」なのです。「そこで働く気になった」、「なにを勉強すべきかがはじめてわかった」と言う若者も少なくありません。また、それを通じて、就職に関する地域の産業界と学校の結びつきがつよまる効用も無視できません。

さらに今ひとつ。いったん仕事に就いた人が必要に応じてふたたび学校に戻って勉強できるリカレント制度が、どのレベルの教育機関にも用意されるべきです。

フリーター再教育プランなどはその点で評価できる政策といえましょう。一般的には、リストラと雇用流動化のこの時代、個人の努力でエンプロイアビリティ（雇われうる能力）を身につけることのみが鼓吹されています。けれども、いかにも新自由主義的な精神に満ちたこの鼓吹は、ヘッドハンティングの可能性のある精鋭ホワイトカラーにはともかく、技能が陳腐化した製造業のもと工場労働者や、その体験が新しい就職時にむしろマイナスに評価される非正規雇用の若者などには残酷です。二〇〇四年の「雇用管理調査」によれば、フリーターを正社員に採用する場合、（その経歴を）プラスに評価する企業は三・六％に留まり、三〇・三％の企業はマイナスに評価しています。「評価にほとんど影響しない」は六一・九％と多数ではありますが、ほんとうはどうでしょうか（厚労省、二〇〇五年②）。このようなハンディをつけられたまま労働市場をさまよう人びと、「職種不問」の求職票を出さねばならない人びとでも、大きな資金負担なく、もういちど職業教育の総論・各論を学びうる、そんな制度を少なくとも公教育が確立すべきことはいうまでもありません。

国民の教育に対する期待はまことに広範であるだけに、今の教育に対する批判も実に多面的です。私のような労働問題研究者からみた「教育論」の視野は、それゆえ限られたものにすぎないかもしれません。しかし、教育のありかたが本書のテーマである若者労働にふかく関わるとすれば、枢要の論点はやはり教育の職業的意義の現状とゆくえに帰着するでしょう。学校教育は、なんといっても若者の自立的な生活の樹立に寄与しうる最大の公的資源です。この資源を、卒業以降に長く続けられる職業生活とあまり関係のないままにしておいてはならないのです。

# 補章　フリーター漂流

## NHKスペシャル『フリーター漂流』

二〇〇五年二月五日、NHKスペシャル『フリーター漂流』が放映された。切実なテーマの秀作であった。

札幌のフリーター、二〇代のYさん、三〇代も半ばのHさん、二〇代で妻帯者のTさんを、人材請負会社P社が、握力や手先の器用さのかんたんな試験をした上で電機会社の栃木工場に送り込むことになる。仕事は携帯電話組立ての手作業で半年契約である。時給は九〇〇円、月に四〇時間残業すれば二三万円は稼げるというふれこみだった。

他の地域からきた多くの若年男女と一緒に働くことになる三人は、三人部屋の寮住まいをして、七時二〇分に出勤し、日ノルマ四〇〇〇台の単純作業をくりかえす。これは制度上は「派遣」ではなく「請負」なので、一応P社のスタッフが作業を指揮・監督する。しかし生殺与奪の権限はむろんQ社のほうにあって、若者たちは製品市場の変動に即応して、早くも三日目には新機種の別の作業に移される。出勤した朝、すぐに荷物をまとめて同社の別の工場に赴くよう指令されるのだ。その後はさらに、半導体基板加工部門での暗闇のなかシンナーを吸いながら「塗料を塗る」作業、基板にマスキングテープを貼る作業……と、短期間での仕事の転変を余儀なくされている。

Yさんは五日目に、上司とのいさかいにキレて物を投げつけ、あげくに「自主退社」した。結局二万三千円しか稼げなかった。手先が器用でなく仕事に遅れがちながら、細々と運送業を営む父親も高齢で月七万円の収入しかないこともあって、「もうこれ以下はない」とがんばってきたHさんも、四番目の仕事でついに不適応にたえきれず、帰郷するにいたる。他方、高校卒業後二〇余のアルバイトを重ねてここにたどりついたTさんはといえば、そのやる気を買われて班長（時給はやはり九〇〇円である！）に任じられている。しかしそのTさんも、自分のノルマを達成しなければならない要請に派遣先と作業グループとの面倒な調整作業が加わって、ストレスと過労から倒れてしまった。一九日間働いたのに、いろんな控除の後の収入はたった六・七万円。身重の妻を抱えたTさんも結局は退社を選んだ。電機工場で「人材さん」と呼ばれるこのような労働者は、約半数が契約期間未了で辞めるという。

いまYさんは、親子関係の緊張もあって一人住まいながら半ばニートの状態である。Tさんはしたたかに、今度は妻とともに、同じQ社に直用のアルバイトとして働きに来た。そしてHさんは、父親に腰が据わっていないときびしく諭され、もういちどP社に絡ってくる。慇懃に、しかしもう年齢制限ぎりぎりですが……と恩着せがましく言われて紹介されたのは、愛知の自動車関連工場であった。

## 非正規労働者の群像

非正規労働者は今や日本の全労働者の三四・七％に及び、女性ではすでに五〇％をはるかに超えている。非正規雇用の普及をさておいて現代日本の労働の状況と運動を論じても、それはむなしい分析に終わるだろう。有期契約による雇用の不安定さ、その主勢力であるパートタイマーとアルバイトではおよそ六〇～八五％が年収一五〇万円未満におさまるという低賃金（2章2節参照）、そして社会保険の適用の不十分さ——非正規労働者は総じてこのようにきびしい状況のなかにある。

もちろん、一口に非正規労働者といっても、その存在のかたちはさまざまである。たとえば⑴雇用主は、仕事を提供する企業か他の人材供給会社か、つまり直接雇用か間接雇用か、⑵就業の性格は常用的か臨時的か、⑶労働時間はフルタイムかパートタイムか……などによって、非正規労働者にも、長時間パート、短時間パート、フリーター、学生アルバイト、専門職型派遣社員、生産、労務、事務、販売、サービスなどの職種で働く一般職型派遣社員、そして請負労働者など、多様な類型が生まれている。その類型に応じて、労働者の切実な必要性と可能性もさまざまに異なるだろう。この短いエッセイでは多くを論じることはできないので、ここでは焦点を先に紹介した映像の主人公たち、フリーター出身の委託・請負労働者に絞りたい。はじめに、他の非正規雇用諸類型と比較しながら、この人びとの帯びるいくつかの特徴にかんたんながらふれておく必要がある。

まず、委託・請負労働者は、分類基準(1)では、ふつうの派遣社員とともに、仕事を提供する企業が雇用責任を問われることのない間接雇用であり、(2)では短期の臨時的な「人材活用」である。だから、たとえば電機会社は、製品需要の細かい変動に即応して、必要な数だけ人集めを委託することができる。労働者は市場変動の猛威にまったく無防備に翻弄されることになる。

請負労働者の給源は、長時間パートや一般職型派遣の場合と同じく、いわゆるフリーターにほかならない。その点が主として短時間の主婦パートや学生アルバイトと異なる。しかし注目すべきことに、フリーターの多くは、(3)では、やはり主婦パートや学生アルバイトとは異なって、少なくとも就業時には生活費を稼ぐ必要に迫られたフルタイマーなのだ。残業も避けられない。そして深刻なことに、非正規労働者のなかの若者フリーター比率は高まる一方なのである。

全国に工場を展開する製造企業の職場をこのように「漂流」する委託・請負労働者は、働くなかまの凝集性が相対的に低い非正規労働者のなかでも、とりわけ孤立した労働者ということができる。たとえば常用の長時間パートは、地域の工場やスーパーにそれなりに定着して、なじみの同僚を発見することができる。専門職型派遣スタッフなら、職業資格上の誇りやアイデンティティの上に一定程度は自立しうるかもしれない。また主婦パートは家庭に、学生アルバイトは学校に、ともかくも帰属している。しかし「フリーター漂流」の主人公たちは、どこで助け合うなかまに出会うことができるだろうか。上述のTV番組のラストシーン、大きな荷物に肩をかしげ雪を踏んで遠い愛知に向かう、もう若者とはいえないYさんの孤絶と不安があらためて胸をうつ。

## 工場フリーターの背景構造

社会の過酷な構造はかならず個人の受難として顕れるゆえに、私たちは個人の受難を細かく凝視することを通じて、社会全体のありようを曇りなく把握することができる。では、「フリーター漂流」は、現代日本の労働の構造に関わる要因についてなにを語るだろうか。

工場労働を請負うフリーターの状況は、次の三要因の、それぞれが相互に他をつよめあう関係によってもたらされているように思われる。

その一。事態の起動因はやはり、正社員と峻別された労働者の一階層を「ハンズ」(hands、人手)として職場に組み込む、近年いっそう際立ってきた新しい労務管理の展開である。「ハンズ」は、文字どおり単純労働に緊縛されてキャリアー展開の許されない、しかも企業が「雇用調整」のしかるべき心労を免れて自由に拾い自由に捨てることのできる人間素材なのだ。電機連合のひとつのすぐれた調査を紹介しよう。

この調査は、電機連合傘下の工場において「非正規労働者のみが」あるいは「非正規労働者が主に」行う仕事は、「短時間ですぐつけるような仕事」(企業の四一%)、「労働需要の変動が大きい仕事」(三一%)、作業方法や内容が標準化されている仕事」(二一%)、「いわゆる3Kといわれる仕事」(一三%)、「深夜の連続作業を伴う仕事」(一三%)であることを報告する。営業、研究・開発、作業の指揮・監督、設備の保守など、知識・技能を求められ、かつ「キャリア形成に欠かせない」仕事には、彼ら、彼女らはまったくお呼びではない。そして電機産業での非正規労働者の最大勢力は、いまやかつてのパートタイマーではなく、この委託・請負労働者なのだ(電機連合二〇〇一年)。調査が報告する非正規労働者の仕事にまつわるこうした特徴も、このTV番組には鮮明に映像化されている。

このような労務管理は、もちろん非正規労働者のほとんど全類型を覆う影であり、いま一般に労働者を階層化させる最大の要因ということができる。そのうえ近年の製造業には、この種の非正規労働者の活用をとくに促進させる事情も認められるように思う。ひとつは流行の消費に翻弄される製品寿命の極端な短期化であり、いまひとつは工場の作業全体の有機的な結合を要請する従来型流れ作業の変革である。すなわち新しいセル生産方式は、ある工程を社員外の労働者グループに一括委託することをいっそう可能にしている。

その二。経済政策における新自由主義の台頭とともに、「人材」の斡旋・紹介・調達が新たなビジネスチャンスと考えられるようになった。これまでの本社人事部に代わって、正社員の転職促進、人材派遣、非正規「ハンズ」・一般労働者の調達などを業とする「ベンチャービジネス」が「雇用流動化」に奉仕している。TV番組の請負会社、P社ももちろんそのひとつだ。画面のなかの経営者は、このビジネスは「ハンズ」の需要と供給をマッチさせる「社会的貢献」であり、できるだけ沢山の「タマ」（労働力のこと）をユーザーに送りたいと誇らし気に語ったものである。

その三。最後にはやはり、同じ職場で働いていても所属企業や雇用身分の異なる労働者の処遇にはまったく視野の及ばない、企業別労働組合の体質が問われなければならない。およそ労働組合を労働組合たらしめる「労働条件決定の規範意識」というものが、いま日本の労働界から急速に喪われつつある。それゆえ、電機工場で働く請負労働者、「漂流するフリーター」の暗い状況に、たとえば電機連合も一定の責任はまぬかれない。

## なにがなされるべきか

さまざまの労働者の受難に否応なくふれるとき、多くの論者は、労働組合運動の現実の無力を痛感するゆえにこそ、すぐれて現行労働法の内容と適用の不備に注目し、救済の方途としては法的な規制強化に期待しがちである。とはいえ、「フリーター漂流」に登場する若者たちのやりきれなさは、基本的には現行労働法に照らして彼らが「非合法」に扱われているところから来るものではなく、それゆえ、あえて言えば状況の改善にはなによりも法の改正が特効薬というわけでもない。

私はもちろん、たとえば、工場労働への派遣が認められなかった段階で、このような実質上の派遣労働を請負労働と扱うことは本当は派遣法違反なのだという告発などを、無意味なものと考えるものではない。また、非正規労働者のために均等待遇を確保し有期雇用を限定するといった法律の整備が、この日本ではなお先進国の相場を大きく割る水準に留まっていることを批判することに決してやぶさかではない（熊沢、二〇〇三年）。けれども、有力な資本はひっきょう非合法な行為は抑制するに到るだろう、どのように整備・改正されても労働法は雇用、賃金、作業ノルマ、残業などの決定方法や水準をつよく指示できはしないだろう、すなわち、ＴＶ番組で活写されたような雇い方や働かせ方が法律によって一掃されることはないだろう――私の思いはどうしてもそこに傾く。結局、Ｙさん、Ｈさん、Ｔさんの明日を拓うのは、たとえ合法でも、人間が消耗部品のように扱われる労務管理を撃つ、まっとうな労働組合運動なのだ。

非正規労働者の諸グループそれぞれのニーズに応じた組合の戦略はなにかという議論に、ここで立ち入るいとまはない。とりあえず焦点を漂流する工場フリーターに絞ろう。考えうることは、かねてから港湾労働など非クラフト・一般労働分野での組合運動の一角にある、「組合による労働供給」の可能性を追求することである。

労組のナショナルセンターや単産、コミュニティユニオンなどは、いま人材請負企業が行っているような機能を営むことをひとつの活動フロンティアと考えるべきであろう。組合に登録しているいま未就業の労働者を、相場を守る労働条件で「ユーザー」に派遣する。職場で不当な扱いを受けることはないかどうかにもチェックを続ける。もちろん苦情も聴く。観光労連が旅行添乗員についてこれに似た機能を営んでいるという。その実情や成否が十分に検討されるべきだろう。いうまでもなくいくつかの困難が予想される。けれども、「フリーター漂流」の若者たちが、もしそのような組合員であったら！　そんな夢を私は捨てることができない。

# 終章　いま若者たちにとって仕事とはなにか

## 1　若者たちがみずからの仕事を語る

### パネルディスカッション「若者の働き方・生き方を考える」

ふつうの若者たちは、現在の自分の仕事と職場についてほんとうのところどのように感じているだろうか。この場合「ふつうの」とは、政治や社会運動につよい関心を抱いているわけではないというほどの意味である。

二〇〇四年九月一八日、大阪でこのような若者たち九人がみずからの労働を語る集いがあった。主催したのは、現代日本のきびしい職場状況を働く人びとの視座から凝視する営みを続けてきた研究者、コミュニティユニオン（3章2節参照。以下、CUと略）活動家、市民の協同する研究会「職場の人権」である。

私をふくむ研究会の中心メンバーには、もちろんこの間、ひとつの社会問題として浮上していた若者労働について一定の認識はあった。一方では激増するフリーターなど非正規労働者に避けがたい雇用不安と低賃金、他方では正社員として採用された若者にまとわりつく、ときに「燃えつきて」しまうまでの働きすぎ、働かされすぎである。けれども、当の若者たちは、実際にこのような「クライ」思いを抱えて働いているのだろうか？　そのあたりを尋ねてみたい。およそこのような関心から研究会は、メンバーの大学教員および高校教員のつてに頼って、卒業生やその友人である正社員、非正規労働者の語りを聴くことにしたのである。

このパネルディスカッション（以下、パネルと略）で、労働研究者、コミュニティユニオン活動家、フェミニストなどをはじめとする私たち旧世代は、これまで気づかなかったことに気づかされるとともに、ある意味ではときに歯がゆい思いに襲われもした。この終章では、パネルで語られた事実と討論を忠実に再現し、若者と旧世代の問題のとらえ方の違いについて私なりのコメントを加えたい。そうすることを通じて、現時点における若者の労働意識の光と陰を見つめたいと思う。

登場して下さった若者パネラーたちを、非正規労働者の場合はおよその経歴もふくめてかんたんに紹介しておこう。呼び名はむろん仮名、敬称略である（以下、文書資料としては研究会「職場の人権」二〇〇四年）。

テル――男性、四年前大卒、人材紹介企画会社の正社員（営業職）。転職経験一回
チホ――女性、二年前大卒、広告代理店の正社員（総合職）
ミカ――女性、二年前大卒、証券会社の正社員（一般職）
フミカ――女性、二年前大卒、紅茶専門店の正社員
岡村――女性、今春大卒、不動産会社の正社員
前田――男性、大卒三一歳、非正社員。食品製造ライン仕事（学生時代）、郵便貯金センター事務、法務局不動産登記事務を経て、いま電機メーカー開発室への派遣社員。研究者のデータ処理の手伝い、ＯＡの入力などに携わる
八木――女性、高卒二一歳、非正社員。高校時代のアルバイトの延長で「フリーターみたいな感じで」さまざまの仕事につく。エステ仕事の正社員体験もある。今は障害者の自立支援の登録ヘルパー
田村――女性、大卒二七歳、非正社員。営業職正社員、喫茶店アルバイト、国の臨時任用職員、私立学校事務受付アルバイト、家電販売への派遣社員を経て、商社事務で働く派遣社員
笠井――女性、大卒三九歳、非正社員。建築資材卸売会社（正社員）、行政書士事務所、ミニコミ出版社、ＮＧＯスタッフなど、多くは非正規雇用の多様な職歴を経て、いま私立学校で事務受付の契約アルバイト

## 仕事そのものは楽しい

パネラーたちは、はじめのセッションで、自分の仕事の状況について、まずなんであれ言いたいことを語るように求められた。話題は多岐にわたったが、とくに正社員に関しては共通するテーマも多かった。語られたテーマごとにわけて紹介を試みよう。

まず印象的なことは、要請される仕事の内容に対する正社員の若者たちの肯定的な評価だった。テルの仕事は各社から非正規雇用の求人広告を受注して、広告原稿の作成・校正・印刷に携わる一連の作業である。訪問する「企業さん」との間に信頼関係も生まれ、楽しく働けるという。また、マーケティングの企画セクションで働く広告代理店のチホは、食品小売業を中心に「私のお得意様」をもち、さまざまに工夫をこらして取引先の販売促進に関するアドヴァイスをする。仕事内容には「すごく満足」なのだ。

大手証券会社のミカは、一般職ながら、窓口で、あるいは電話で、多様化した金融商品の説明をする。「お客様」との間に信頼が生まれ、「ありがとう」と言われて「商談」が成立するときなど本当にうれしい。それから、もともと今の紅茶専門店の仕事や雰囲気が好きで、学生アルバイトの時からの職場にそのまま就職したフミカは、店員のなかでは「責任が一番ある立場」にある。新しいケーキメニューを考えたり、定番商品や店の雰囲気を変えたり、接客のなかで「お客さん」の反応を確かめたり……の毎日で、この仕事は「すごく楽しい」のである。

他方、社員一〇〇人規模の不動産会社で五人しかいない総務部に配属された「総合職」の岡村には、全社員の給料処理、保険関係事務、退職金処理、それから新卒採用・中途採用事務など、「他のどこにも属さない」すべての仕事がまわってくる。「一人に任される業務の量」は「非常に多い」。岡村はまた、入社一年目ではまだ「やりたいことはやらせてもらえない」が、「自分で判断できる仕事がふえていけばいいいなぁ」と感じてもいる。岡村は将来、社業にとっての必要性と可能性に精通して中小企業に不可欠の事務ジェネラリストに成熟をとげるかもしれないけれども、多様で繁忙な今の事務労働に関しては、それほど積極的に仕事そのもののよろこびを語ることはなかった。そういえば労働内容に関する上の三人の「満足」は一様に、営業職やサービス職があるいは享受できる取引先や「お客さん」との信頼の絆という文脈で表明されている。若者たちが重視する労働の意味は、なによりも顧客との交通関係の発見であるかにみえる。

### 長時間労働と「この仕事を続けられるか？」

正社員たちは、とはいえ、仕事のはりあいばかりでなく、言葉を継いで、長時間労働のしんどさを語っている。たとえばチホはふつう八時から二二時頃まで働くのだが、深夜労働をしても、余暇や休日を仕事のための勉強に費やしても、「裁量労働制」になっているため給料は定額である。労働時間と給料の関係はまったく曖昧にされている。事前アンケートによれば、彼女の労働時間は実に月三〇〇時間弱にも及んでいる。テルの労働時間は、日当りも月当りもほぼチホと同じである。五時以降はサービス残業になる。有給休暇も「ないに等しい状況」だ。毎日二二時までの勤務はひどく疲れる。唯一の救いは地元の営業所勤務なので通勤時間が三〇分ほどですむことである。

フミカはといえば、土日が休めないばかりでなく、ほとんど立ちっぱなしの拘束時間が非常に長くずいぶん疲れる。休憩時間も客の入りによっては一〇分にも切りつめられる。その点、ミカは例外的に恵まれている。ここでは日平均二時間ほどの残業はあっても、「労働組合がしっかりしていて職場単位で申告できるので、サービス残業をする」ことはない。ちなみにこの集いのなかで、労働組合がいくらかプラスイメージで語られたのはこのときだけであった。

ここからひとつの深刻な問題が浮上している。それは、若者正社員の多くがこのような働き方のままでは仕事を続けられないのではないかと思っていることだ。

たとえば岡村は、この会社では結婚はできても産休は取れない、三、四年後には、これからどうするかを考えるときが来るのではないか、そのときのために「スキルや能力を身につけておきたい」と語っている。今は自宅から通っているし、独身なので「一〇〇％仕事に時間を割ける」けれども、結婚とか出産とかがあると今の仕事ではやってゆけないのではないか、そう語るのはチホである。そのときは契約社員や非正規労働者として新たな仕事を探すつもりだ。またテルは、「将来的に勤めていけるかということでは、ノーです」ときっぱり言う。どうすれば自分の時間がもてるのかに悩む働きすぎの毎日だが、「労働組合とかはない」ので仕方がない……。

また、ミカには、過重労働とは別の理由による将来不安がある。彼女は「現地採用」の一般職なので転勤がない。だから、今の職場のままなら育休をとるのも容易であるが、結婚して遠くにある夫の勤務地に行く必要が生じれば会社を辞めなければならない。しかし「女性は家庭に入る」という考え方はなじまないので、そのときはどうしても非正社員の働き方を選ばざるをえない――。今は仕事に打ち込んでいても結婚や出産とともに正規雇用をあきらめることを迫られる、そうした状況を、おそらく一般的にも、多数の女性正社員はなお従容として受け入れているかにみえる。

## 非正規労働者たちの労働観

このパネルできわめて印象的だったことのひとつは、非正規労働者たちが、総じて恵まれないはずの労働条件に関する不満や鬱屈をほとんど語ることなく、ときには正社員以上に、自分の労働に対する肯定的な評価を表明したことであった。

たとえば、電機メーカの研究開発室で手伝いをする前田にとって、労働は「パートのような身分なので……気楽」である。作業所で仕事をする知的障害者の余暇時間の自立生活を「援助させてもらっている」八木は、もっと積極的にこう語る。

すごく楽しい。……高校を卒業したころからくらべたらいま自分はとても成長しているなと感じます。利用者さんのおかげで私は成長させてもらっているので、単なる仕事とは思っていません。毎日がいっぱいいっぱいですし……いま自分にできることを精いっぱいすることを毎日考えています。

また田村は、派遣社員ながら、商社で請求書の発行や明細書の作成、小売店の売上げ管理、営業部や業者との折衝、電話応対、契約書の作成、郵便物管理など事務全般に携わっている。彼女にとって大切なことは、雇用形態よりも仕事の内容、その会社で自分の身につくもの、そこで出会う人、次の仕事につながるパイプづくりの可能性などであって、「雇用形態はとくに気にして」いないのである。歴戦の非正規労働者、笠井はCUのメンバーでもあって、後の発言で労働条件の劣悪さや生活の不安を訴えたけれども、労働生活全体については、「仕事として楽しいということではなくても」仕事をとりまく状況やそこで働く人びとと関わることを通じて、これまでと同様「楽しくやっていけたら」と感じていて、きびしい環境にいささかもうちのめされていない。

労働生活をもっぱら雇用安定度や賃金水準のような労働条件という文脈で評価するのは、家計支持者を中心とする生活者のならいである。非正規労働の若者たちが労働条件をあまり問題にしないことには、それゆえ、経済的自立の必要性がそれほど差し迫っていないことが関係しているだろう。しかし、だからこそ、若者たちは純粋に仕事そのものの意義や工夫の余地を労働生活の評価基準にすることができるのだ。八木のいう「単なる仕事」とはおそらく「高い給料さえもらえばなにをするかはどうでもいい仕事」という意味だろう。私の出逢った仕事はそんなものとは違う、そう言い切る八木の真摯さが心をうつ。

もうひとつ、今日の企業は、「ハンズ」扱いのフリーターをさしあたり別にすれば、常用の非正規労働者にもかなり高度な内容の仕事を割り当てるようになっていることがあらためてうかがわれる。田村の場合が典型的であるが、資格の必要な専門職や一概に単純作業とはいえない事務職のかなりの部分も、これからは非正規雇用で賄われるようになるだろう。企業はかつての正社員の仕事を非正規労働者に委ねることによって、人件費コストを易々と半減させることができる。ここからくる正社員と非正社員の仕事境界の曖昧化が、労働条件の不平等をあまり顧みずに仕事そのものの意義を重視する非正規労働者を輩出させ、そのことがまたはねかえって、企業の新しい分断の雇用管理を既成事実として承認させてゆく。「雇用形態にこだわらない」という田村のそれなりに説得力のある発言は、私をそんな複雑な思いに誘いもする。

## 旧世代からの質問いくつか

さて、このような若者九人のはじめの語りに対して、語られたことを要約し確認する一研究者のコメントがあったのち、集会に集う他の労働研究者やＣＵの担い手たちから、予想通り次々に質問や意見が提起された。主要な発言をあげてみよう。

(i) 私は日頃CU活動のなかで労働相談をしているので「すぐ世話をやきたく」なる。たとえば、一般的には福祉職場の労働条件は劣悪で、せっかく意欲をもって入職した若者が「これではもたない」と辞めてゆく事例が後を絶たない。ケアワーカーの発言力の強化が必要だ。また、「三六協定」とサービス残業(テルの場合)、拘束労働時間(フミカの場合)、産休の権利(岡村の場合)など、すべては今の法律を使っても是正できる問題ではないか。若者たちは仕事にやりがいを見出している。ぜひ働き続けてほしい。しかし、だからこそ「働き続けられるようにするすべを知ってほしい」。学生アルバイト時の無権利な扱いに慣れて、「世の中こんなものかと冷めて見てしまう」ことのないように!

(ii) とくに正社員に、雇用形態による差別の認識があまり見られないのはなぜか。その認識があれば、「将来は非正規労働者に」とかんたんには言えないはずだ。

(iii) 状況を変える道は転職だけなのか。なかまとともに職場を変えるという発想はないのだろうか。

(iv) 自分の人生のなかで、いま労働はどれくらいの時間と位置を占めているのか。

(v) 恋愛し、結婚し、できれば子どもを産んで……といった生きがい論が語られなかったことが不思議だ。朝八時から夕方四時半まで働き、それでいて出生率も上がっているデンマークのような社会のほうが正常だと思うのだが……

若者たちの労働観は、第一に、今の仕事に対する予想以上に深い思い入れ、第二に、それを続けられるかどうかの不安、そして第三に、仕事を続けられるように今この職場を変えるという発想の稀薄さをもって特徴づけられる。フロアからの発言は一様に、この三者の不整合な関係を問い、もう少し長期的な労働観を！　と願うものであった。

多くの発言は、それなりに説得的ではあったけれども、列席する若者たちにとっては確かになじみにくい問いかけだったかもしれない。それに対し、一人の研究者が若者の気持の「代弁」を試みて、次のように発言した。

(vi)　若者たちは、仕事については顧客や取引先との日常的な人間関係のなかでいかに人の役に立っているかを重視しており、今そこに満足を感じていることがわかる。雇用関係や労働条件や法的権利や労使関係のありようを仕事の評価基準にしているのではない。だから彼ら、彼女らが仕事のなかで感じている人間関係的な意味とか責任・裁量権とかをぬきにして雇用労働論、賃労働論の立場から訴えても、議論はすれ違いに終わる……

若者たちが思い入れる「人の役に立っている」という感覚。それを守ってゆくためには良好なかま関係や雇用の継続性や自分の職務における一定の工夫の余地、つまり裁量権が必要だ。それらのありようは、さしあたり企業内部での階層および発言権の分布構造に、ひいては労使関係に規定されている。従来の労働組合論もほんとうは、この研究者の感じているほど労働条件や法的権利のみに関心を寄せてきたわけではない。とはいえ、この発言(vi)は、労働の状況について若者自身が語るところを批判する見解が顧みるべきポイントを鮮やかに示す、すぐれたコメントであった。

## 若者たちの応答

以上のフロア発言の後、司会者はさしあたり、自分の生活のなかで仕事の占める比重、正規－非正規間の格差、そして労働組合の三点についてパネラーたちの意見を求めた。リスポンスをかんたんに紹介する。

まず労働組合について。一〇年来のＣＵメンバーであり、未組織職場が多かった長い職歴のなかで組合の不可欠性を身をもって知る笠井を例外とすれば、予想されたことながら、若者たちは総じて組合活動に無縁であった。発言を紹介してみよう。

- 知る機会がないこともあるがよくわからない（前田）。
- 労働組合という名前を知っているだけ（田村、八木）。ミカさんの話で組合がしていることを今日はじめて聞いた（田村）。

「未組織労働者」とほとんど同義である非正規労働者たちにとって、組合活動はやはり疎遠なままだ。では、「組織労働者」をふくむ正社員たちについてはどうか。

- 労働組合の機能や役割を実際に学んだことはない。社会に出る前にこのような知識を得る場をつくる必要があるだろう。新規採用の仕事をしていても、就職に不利になると思うためか、労働条件についてさえくわしく尋ねる応募者はいない。若者が就職で重視するのは労働組合ではない（岡村）。
- 職場に労働組合はない（フミカ、テル）。組合があればいいなとは思う（テル）。
- ボーナス時期には組合の支店会議が開かれ、組合員が一人ずつ意見を言う。しかしそのとき以外に組合を意識することはない（ミカ）。
- 中規模企業ながら組合はあり、定期昇給とボーナスの時期前後に要求額を決める全員会議を二、三回開く。そんなときは組合の存在感を感じる（チホ）。

チホの会社の組合は、とはいえ、企業別組合としてはむしろふつうのことながら、労働時間や残業や仕事量については立ち入らないようである。そうした要求が連帯的なかたちでつくられる可能性へのあきらめもあるだろう、チホは「今の労働条件が悪いから会社に対して」改善を要求することは考えず、「そこまでするくらいであれば他に自分に合うところをみつければいい」と言うのである。

次に、生活のなかで仕事の占める比重についてはどうか。

- 帰宅後も休日にも仕事のことは気になるので、生活の約八割は仕事かな（田村）。

・ともかく一生懸命なので、私の生活は仕事が中心（八木）。
・通勤時間を入れて拘束九時間。雇用形態による差別もあって、一日の三分の一の労働時間で必要な生活費の三分の一しか稼げないのは不満ながら、人として生きてゆくとき、生活時間のすべてを仕事に捧げる気はない（笠井）。
・「仕事とプライヴェートが一緒」の感じ。はじめは仕事の比重が八割くらいだったが、三年目になって「仕事と趣味の区別がつきにくくなってきている」（フミカ）。
・「仕事とプライヴェートは半分半分」。一方が楽しければ他方も楽しい（ミカ）。
・今はかなり仕事が楽しいので比重は八割くらいだが、いつまでもではないだろう。「結婚して出産するなら仕事はメインにならないと思」う（チホ）。
・今は仕事をどのように三〇分早く終わらせるか、その闘いの毎日でプライヴェートの時間をもてない。仕事の比重は六割ほどに留めたいのだが……（テル）。

田村とチホ、八木とフミカの間にはある共通性がある。雇用形態の違いが生活のなかでの仕事の比重を決定づけているわけではないようである。

では、その雇用形態による処遇などの格差を、若者たちはどう感じているだろうか。

田村と岡村は、みずからの雇用形態の違いを超えて、正規と非正規の間には、ボーナス、交通費、社会保険などについて格差はあれ、仕事内容や責任においてはまったく違いがないとみる立場である。フミカもほぼ同じ意見ながら、「本当のところは私もまだよく理解しきれていない」。また八木は、「正規、非正規（の区別）というのはよくわからない」と言う。その前の発言から類推すれば、彼女はおそらく雇用形態など大切なことではないと考えているようである。

笠井はやはり、いくつかの転職体験に照らして、賃金が低いのに労働組合には制度的にも加入できない非正社員身分の不当性を指摘する。またテルは男性サラリーマンらしく、非正社員で働くことを考えたことはない、社会保険加入やボーナスがなく、休めばそのぶん収入が減る時給制では生活設計を立てにくいからだと語っている。

田村や岡村とは対照的に際立った意見を述べたのは、大手証券会社正社員のミカだった。ミカの語るところでは、職場にいま三人いる派遣社員は、三ヶ月の契約の時給制で、ボーナスも交通費もないが、仕事分野がはっきり違う。私たちには支店の営業成績いかんでは残業があり、課長の機嫌が悪くなるとストレスがたまるけれど、派遣社員は、制服は同じながら、たとえば書類のシュレッダー処理とかの事務作業が中心で、電話での営業活動はない。したがって残業の義務もなく、仕事が残っていても五時には退社する。彼女ら自身は「気楽でいい」と言っている。こうした区分について、私は「いいとも悪いとも」感じない……。

処遇格差をつけるのであれば、むしろ非正規労働者の仕事分野を区分せよと労働組合が要求しがちなこともあって、大企業ではミカの語る状況のほうがなお一般的であろう。しかしながら、中小企業を中心に、正社員と非正規労働者の仕事の境界は近年、急速に曖昧化しているかにみえる。この曖昧化傾向の影響は微妙だ。くりかえしいえば、この曖昧化は人件費削減という企業目標にうまく寄与するものではあれ、若者たちが賃金水準や社会保険加入を重要視しないかぎり、非正規労働者の仕事にある種のやりがいを与えてもいる。いま明瞭なことは、正規と非正規の間に仕事の区分があってもなくても、両者の「身分差」については、総じて若年労働者の間に批判意識が高まっているわけではないことにほかならない。

### フロアからの発言ふたたび

フロアにはなお、「ぜひこれだけは」と発言を求める人が多かった。言葉の婉曲な部分はあえて省略し、端的な表現で紹介してみよう。

(vii) 良いことと悪いことをふくめて仕事の話ができる相手は、みなさんの場合どこにいるのか。どんな世代とどんな話をするのか。

(viii) 自分の立場を社会や政治との関わりでどのようにとらえているのか。たとえば若者フリーターの政治的無関心は、客観的には、「弱者切り捨ての政策」をとる小泉政権の支持という結果を招き、ひいては「自分の首を絞める」。そんなことをどう考えるか。

(ix)　仕事も出産・子育ても、現在では望めば両方ともやってゆける時代なのだから、正社員の女性たちも「どちらかという風に割り切らないでほしい」。

(x)　私は夜間定時制高校の教師をしているが、私の生徒たちは、会社や上司に対していつも「うらみつらみというか、沢山の不満をもっている」。だから、仕事が楽しいと言うみなさんの話を聞いて、すばらしいと思う一方「ほんまかいな、本音のところはどうかな?」という気がする。そこで、もし仕事や職場で腹の立つこと、ちょっとおかしいと思うことなどがあればお聞きしたい。「楽しい楽しいと言っていて、どこかで挫折したら次どこかよそへ行ったらいいということでは、うまく使われっぱなしということになるのではないか」。「おだてられて」仕事が楽しくなりがんばりぬいたけれど、会社の風向きが変わったすぐ首になった、そんな事例が私の周辺には沢山ある。

発言(viii)〜(x)は、若者たちにとってあるいはきびしすぎる発言であった。これらに対してはそれゆえ、「一三年間同じ会社で正社員として働いてきた」女性から、一一番目の発言として、次のような反論が寄せられた。

彼女は、仕事の喜びも長時間労働も将来不安も、パネラーの話は「私の生活と大きく重なるところ」があるとふかい共感を示したうえで、フロアからの質問には非常に違和感を覚えると述べた。これは一体どういう会合なのか。若者たちの労働意識や労働環境をありのままつかもうという試みではなかったのか。ところが質問の大多数は、パネラーのみなさんを「つるし上げるような感じ」で、彼ら、彼女らが「労働環境が劣悪でこんなところじゃ働いてられない……私も労働組合に入って頑張りますと言わなければ解放されないような印象を受けてしま」った――彼女はそう批判し、このパネラーたちを招いた目的を主催者に問いつめたのである。

この鋭い問題提起に対し、主催の側の責任者として私はこの段階で「答弁」といくらかの意見を述べている。私の総括的な見解はこの章の最後にゆずるとして、とりあえずパネラーのこれ以降の発言にいくらかは影響した部分だけを示しておきたい。

一般に働く人びとが仕事に就いて語るときはどうしても自己肯定的な側面が前面に出る。なぜなら人はなんらかの自己肯定なしには、すなわち、自分の職場状況はみじめだと絶えず確認していては、元気に働き続けてゆくことができないからだ。けれども、よく聞けば、これまでのパネラーの話のなかにいかにしんどいことがふくまれているかは、十分に感じとることができるのではないか。

## 若者たちの最後の語り

発言の最後の機会に、パネラーたちは、フロアからのあるいはなじみにくい質問に対して律儀に答えようとし、ひいてはさまざまな思いを語ってもくれた。あえて項目にわけて再現してみる。

【仕事のことを相談できる人はどこに？】

非正規雇用者はなかまを見出しにくいことを示しているのだろうか、仕事上の悩みなどを相談できる人について語ったのは、派遣労働者として商社で働く田村を例外とすればもっぱら正社員であった。そして予想通り、相談するのはすべて同世代の友人であった。

テルにとっては「私もそう思う、そういうことあるよ」と「やんわり言ってくれる」友だち、チホには「同僚かそれに近い立場の人」、ミカの場合も「同じ仕事をして」いて「一番わかってくれる同期」である。フミカは一緒に働いている人たちと語り合うことによって、仕事や上司に対する不満を（解決はしないにせよ）納得したり、「愚痴をこぼして解決」したりする。岡村はといえば、職場で理不尽と思うことなどは「同じ環境にいてわかってくれる……同期」や別の職場の友人と話をすることで「問題の解決にはなかなかならないけれど」「自分の中で整理して」「なんとか日々を過ごしていける」。解決はできないまでも今は職場の問題を同期の同僚と相談できるという、競争と選別の職場風土では喪われがちな関係の大切さがまっすぐに伝わってくる。

一方でテルは、「お前がこうやっていないからいけないんだ」ととかく叱りがちな父親には仕事のことを話せない。さらに印象的なことに、岡村は「親には話しません」と、次のように続ける。「私の親は公務員で、労働組合がなくてサービス残業ばっかりしている私の状況、一般企業の状況をまったく理解できていないみたいなので、話すとどうしても行き違いになる。よけいな心配をかけたくありませんから、そういうところははしょってます」。
本当によく理解できる。若者は「戦後民主主義」の洗礼を受けた旧世代とのコミュニケーションに絶望して、労働のこの時代が課すしんどさに黙って耐えている。

【政治と体制への関心は?】

真摯なテルは、発言(viii)に大きな示唆を受けた、政治的無関心は確かに自分たちの首を絞める、しかし今は忙しすぎて新聞を読む機会さえほんとうにないのだと切実に語る。チホもまた、「社会と政治との関わり」は「正直言ってあまり考えてい」ない、「いま自分の目の前にあることに結構、時間的にも精神的にもいっぱいになってしまっているので、自分の労働が……どう社会と関わっているかとかは、あまり考えていない」と言う。フミカはといえば、やはり「社会と政治への関わり」についてはよくわからないけれど、「私も仕事だけっていう人生はいやで、恋愛とかしないと生きてゆけない」と思っているから、今日のいろんなお話、とくに発言(v)のデンマークのお話は興味ぶかかったと感想を述べた。一方、田村には政治的関心もあり、すべての選挙には投票権を行使するという。また、自分は郵政省で働いたこともあるが、郵政民営化の流れのなかで人間関係がどんどんきつくなっている気がする、そう語ったのは前田である。
若者たちは自分の労働のありようを政治や経済社会全体の動向と関わらせて考えることにたしかに

慣れていない。けれども私たちは、それは若者たちがそのような発想にふれる機会やゆとりをもてなかったからだと平凡な解釈を施して、納得のうちに考察を終えてよいものだろうか。たとえば、二〇〇五年九月の総選挙を目前にした一人の若手研究者の発言を読んでみたい。彼女は「過重労働を強いられる正社員と安価に使い捨てられるフリーターらに分断されてもいる」若者たちに、やはり選挙権を行使せよと、次のようによびかけている。

（若者のなかの）ネット長者もフリーターもニートも……政治システム、とくに選挙においては、いずれも一票として対等に位置づけられる。このような仕組みが保障されている理由はなにか。そのひとつは、経済システムでの弱者に挽回と抵抗の機会を与えるためである。そして政治システムは、経済政策や雇用政策を通じて経済システムに影響力を行使できる。この仕組みをもっとも戦略的に利用すべきなのは、経済システム内での弱者だ。そしてその典型がフリーターやニートとよばれる若者である」（本田由紀の談話。改行略。『朝日新聞』二〇〇五年九月七日）

## 仕事のなかでしんどいこと

最後の意見表明では、パネラーたちはそれまで言いよどんでいた仕事のつらい側面についても語るところがあった。そればかりか、そのような問題点を抱えながら働いている心情を伝える人もあった。

広告代理店勤務のチホは語る。熊沢の言うとおり「うらみつらみを毎日毎日考えてやってたら自分が楽しくない。……はじめパネラーのお話をいただいたとき、今の仕事を私はどう思ってやってるのだろうと考えたら、すごく自分が抱えている不満とかが先に出てきたのです。……じゃなぜそんなに不満があるのに働き続けているかというと、それでもそれなりに今の仕事を楽しいと思っているから、……肯定的な話がやはり前に出てしまったということです」。

チホの場合はまた、不満は「毎日……腹が立って泣いたりするくらいたくさんあ」る。たとえば、中年の上司は、高給のうえ退社時間が早いのに、忙しい彼女らにあれこれと仕事を回すこともそのひとつだ。そしてまた、

私個人の売上げ目標があって、それを達成しないとボーナスが下がる。完全に個人のせいになっています。労働組合のボーナス要求の時も、『これだけください。そのかわり私たちはこういう目標を設定してこれだけの売上げをあげます』という交換条件みたいな感じで要求をしていたり、納得いかないことはたくさんあります。

仕事に打ち込んでいるゆえにこそ把握できる現代日本の職場と労使関係のありようが、若い女性の感性によってまことに鋭利に切り取られているといえよう。

一方、人材紹介企画会社のテルは、はばかりないサービス残業や有給休暇の返上、「営業のための携帯電話料金は自腹を切らないといけない」ことなどを「腹の立つこと」として例示した。しかし、長時間労働とかリストラとか職場のいじめとか、そうした深刻な労働問題の所在を大学時代に勉強したおかげで、今の職場の問題を、「そういうしんどい部分は他にもあるということを相対的に見つめられるから」「いま働いていられる」と語っている。

「腹の立つことは、私も言い出したらなんぼでもしゃべれます」と笑わせて、「ちょっと勘弁してくれ」（そんなに困らせないでほしい）と思わせるような顧客、入社前はそんな約束でなかったのに実際は「今日はいくらこれを売りましょう、それが終わらなかったら帰れませんよ」と言われるしんどさなどを話すのは、証券会社のミカである。でも「つらいことで学ぶこともすごく多い」。紅茶専門店のフミカは、私は好きなことを仕事にしたのだけれど、「思ってたよりしんどい」と話す。たとえば仕事場でのやけどや重量運搬や「変わったお客さん」のこと……。そして不動産会社の岡村の場合は、入社後まだ日が浅く不満もそれほどではないが、「突然理不尽に怒鳴り出す上司」とか仕事伝達上の不備などに困らされる。正社員たちにとって、このようなさまざまな不満を鬱屈させない一番の方途は、すでに紹介を終えた同僚との語りである。

しかしながら、このパネルに関するかぎり、非正規雇用の若者たちがみずからの仕事について「しんどいこと」を具体的に語ることは、どうしてかついになかった。

私学事務契約アルバイト、三九歳の笠井は、正社員たちの不満を聞いて、今はまだ彼ら、彼女らが個人で解決をはかれる世代と労働環境にあることを「羨ましくも頼もしくも感じる」けれども、この先、大丈夫かしらとちょっぴり不安も残る、将来、仕事上でも「プライヴェート」でも問題を抱えるとき、自分にはどれだけネットワークを持つことができるかがきっと大切になると、体験に即した意見を述べた。商社派遣事務の田村は、あたかも一一番目のフロア発言を引き継ぐかのように、（私たちは）楽観的だとか楽しいことだけしか考えていないと（言われるが）「そんなわけがない」、「伝えきれないことがたくさんあるなかで、みんなはきっと前向きにプラス志向で生きているのを、これからも温かく見守っていただきたい」とフロアの「大人」たちに苦言を呈したものである。そして障害者自立支援の登録ヘルパーとして働く八木は、ふたたびこのように語って発言を終えている——「とにかく、いましているヘルパーの仕事を単に仕事と考えていないので、今は嫌なことやしんどさはあまり気にとめていません……」。

## 2　若者労働意識の批判的検討

### 労働条件意識をめぐって

さまざまのアンケート調査の結果を示す数値から、私たちは若者の労働意識のおよその傾向は知ることができる。けれども、彼ら、彼女らが仕事と職業生活についてそもそもなにを重視しているかは、回答の選択肢があらかじめ定められたアンケートではなかなか把握できないだろう。このパネル討論会は、若者自身が仕事に関して語りたいことをまず語る、そこから今後に考えてゆかねばならないことを探りあてる企画であった。

参加したパネラーたちは、おそらくふつう以上に真摯な人びとであったけれども、くりかえしいえば、やや年長のコミュニティユニオンのメンバー笠井を別にして、とりわけ社会構造にまで及ぶ視野をもつわけではない、つまり依頼されなければ労働の研究会などに来て発言することのない、文字どおりふつうの若者たちであった。だが、休日には友人と誘い合わせて楽しげに梅田や三宮にあらわれるこのような若者たちこそが、いま若者労働を考えようとする者にとっては最大の教師なのだ。この場合、「教師」はわずか九人、それも女性に偏ってもいて、ふつうの働く若者としての代表性には疑問が残るかもしれない。にもかかわらず、私がこのパネルにこだわり、表現のニュアンスもふくめてかなり詳細な紹介を試みたのは、このような若者たちの生（なま）の語りこそを労働意識を考える際のもっとも大切な素材としたいという思いからである。紹介の間に加えた短いコメントのくりかえしをふくむけれども、むすびに換えていくつかのポイントを確認しておきたい。

もっとも教えられたことは、若者たちは、正社員であれ非正社員であれ、仕事のよろこびを、まずは仕事を通じて顧客や取引先との間で生まれる交通関係のなかに求め、そこに自己のしかるべき役割を見出しているということである。また副次的には、そうした営みのうちに工夫の余地があれば、いっそう自分の仕事に対するはりあいが生まれる。仕事そのものに対するこのような肯定意識が、労働時間の長さなどを典型とするしんどさの自覚を凌駕して、若者たちをがんばらせている。総じてつよく印象づけられるのは、若者たちの予想以上に高いモラール（勤労意欲）であった。

では、どちらかといえば労働現場の陰の領域を見つめてきたフロアの「大人」たちによる若者たちへのときに不満げな詰問は、それほど的外れだっただろうか。労働をめぐって旧世代と若者が時には緊張を醸しかねない質疑応答を交わすのはやはり意義ぶかいことだった。旧世代からみれば、若者たちの感銘ぶかい前向きの労働意識には、いくつか切り捨てられている側面があるようにみえる。逆説的ながら、若者たちがいま仕事に打ち込んでいるからこそ一定の批判が成り立つのだ。いくらか分析的に検討してみよう。

その一。パネラーの若者たちが労働を評価する基準のなかで、労働条件は大きな位置を占めていない。正社員たちはそれでも、予想通り、少なくとも長時間労働とかサービス残業のしんどさや、ノルマのインパクトなどについて語った。しかし、非正社員たちは、全体として正社員パネラーより寡黙であったとはいえ、そしてここでは紹介を控える事前アンケート調査では月収がまず一〇万円台に留まっているのに、差別的な「低賃金」への不満や社会保険加入の不安について誰も訴えるところがなかった。非正社員たちはまた、労働条件をほとんど決定的に左右するはずの雇用形態を「あまり気にしていない」とも話している。雇用形態を「気にしない」ありようには、経営側の狡知に主導されるそれなりの現時点的な背景があることはすでに述べたけれども、これを「気にする」ことがなければ、非正規雇用の若者たちがやがて使い捨てられる危険はやはり大きいのである。

労働条件は会社が決めるのだから語っても仕方がないという素朴な思いがあったかもしれない。しかしそれ以上に、労働条件に対する若者たちの相対的無関心はひっきょう、豊かな時代に成長した未婚の若者たちがなお、仕事というものを第一義的には「経済的自立に不可欠な営み」としてとらえていないことからくるものであろう。クールに言ってのければ、労働条件を問題にするのは生活者の労働観、問題にしないのはパラサイトシングルの労働観なのである。

### その「とりあえず性」について

その二。このことと密接に関わる特徴として、若者たちの労働意識には、ある短期性、いわば「とりあえず性」がまとわりついている。女性正社員たちは、たとえば長時間労働の現実を認識すればいつまでもこの仕事を続けられないだろう、結婚・出産・育児をすることになれば（働くとしても）非正規雇用として……と、将来を予測している。伝統のジェンダー役割意識をなお拭い去れないOL的労働観の影を、ここに見ることができるかもしれない。しかしそれはやはり、今の仕事そのものにたいする表明された大きなはりあいの感覚とあまりに不整合なのである。

その三。労働観の「とりあえず性」のもうひとつの側面として、若者たちは今の仕事にまつわるなにかに耐えられなくなったとき、転職するのではなく「その場で闘う」という発想から依然として疎遠なままである。

労働生活とは、本来的に家事や育児のそれなりの負担を抱え込みながら続けられるものだ。その際、今の仕事は楽しいというのであれば、労働とプライヴェートの「両立」を可能にするように、労働法や労働組合運動を活用して労働条件や労働環境のありようを変えてみようとするのは、きわめて自然な発想ではないだろうか。たとえば週に六〇時間以上も仕事に打ち込み、今はなぜがんばれるかも知悉し、同時に労働条件や労使関係のありようにもすぐれた洞察を示すチホが、雇用条件の改善を会社に要求するくらいなら、他に「自分に合うところを見つければいい」と語るとき、その割り切りようが私にはどうしてか切なくきこえる。いや、それが切ないのは、現代日本の社会運動の思想と営みが、職場のほうを変革しようと試みる発想を若者に「自然」と感じさせないまでに光芒を喪っていることを、私自身が痛感しているからかもしれない。

一九九八年春、アメリカはオハイオ州マセドニアのマクドナルド店舗では、一五人の若者たちが、六六歳の女性同僚がマネージャーから些細なことで罵倒されたことを契機に、ピケを張りストライキに入った。争議は大組合チームスターの支援を受けて五日間続き、若者たちはその要求——賃上げ、昇給制、有給休暇、突発的な勤務割当ての是正、査定方式の書面化など――のほとんどを獲得している。日本でもなじみの「マック仕事」特有の使い捨て労務管理は、こうして若者たちの連帯行動によって後退を迫られたのだ。そのリーダー、一九歳のブライアン・ドラップは語っている。

人びとは言います、「本当の仕事を見つけろ」とか「そんな仕事はさっさと辞めて、どこか他で働けばいいのに」とか。しかし、それは的外れです。他の職場でも同じことが起こるでしょう（タノック、二〇〇六年）

私たちのパネラーの仕事内容は「マック仕事」ほどやりがいのないものではなく、また、日本では若者たちのこのような行動にその名に価するような支援を惜しまない既存の労働組合も、さしあたり見出せないだろう。だが、ここにみるドラップの発想は、若者労働の今の状況が続くかぎり、私たちの明日の世代にもやがてしかるべく顧みられるはずである。

## 若者労働観の視野

フロアからの若者たちへの問いかけはたいてい、現時点の日本社会のありかたを批判的に把握する基軸となる、一定の枠組みをもつ考え方（コンセプト）にもとづいていた。性別役割分業の克服を展望するジェンダー論、正社員―非正社員間の差別を問題視する雇用形態論、職場の日常を住みよくしようとする労働組合論、労働者の企業に対する発言権を重視する労使関係論、若者労働の全体状況に大きな影響を及ぼす政治や体制選択への関心などがそれである。

もちろん、従来のコンセプトそのものは、有効性という点で反省を迫られもする。たとえば労働組合論でいえば、もっぱら雇用関係下の狭義の労働条件だけを問題にして仕事そのものにまつわる明暗ということに無関心な組合主義は、ついに若者にとって魅力的な組織になりえないだろうことを、私はあらためてこのパネルから学んだ。とはいえ、やはりこうはいえよう――上にまとめたように若者の労働意識がある偏りや短期性をまぬかれていないとすれば、その原因のひとつはやはり、若者たちの発想におけるこのようなコンセプトのかなり徹底的な欠如に求められるのである。

私たちが若者労働のありようを把握する際に、いや若者たち自身が自己のおかれている労働環境を知る上で、このようないくつかのコンセプトがどのように役立つかは、本書のこれまでの章が及ばずながら示そうとしているゆえ、ここではくりかえすまいと思う。このパネルで私があらためて痛感したことは、今の若者たちは想像以上に、学校のカリキュラムでも、友人との会話でも、また読書やマスコミとのかかわりにおいても、これらのコンセプトにふれる機会を、そしてそれにふれるゆとりをも失っていることであった。けれども、瞳をこらし耳を澄ませば「学習」の手がかりは、すなわち る章末尾の表現を再現すれば「社会との出会い」は、職場の体験のなかにも、日々の暮らしのなかにも、テレビのニュースのなかにもいくらも見出すことができる。

パネラーの正社員たちには予想された転職のエピローグがある。証券会社のミカは二〇〇五年春、結婚退社して東京に赴き、同じ会社の契約社員として仕事を続けている。チホもまた、東京での「彼」との生活を求めて〇六年春、広告代理店を退職の予定。東京で同じ仕事を探すつもりだ。一方、男性のテルは、ほどなく、あまりの過重労働のため肉体的にも精神的にも疲労して仕事の気力を失い、睡眠障害にも陥って〇五年一月、退社を余儀なくされている。けれども数ヶ月後、彼は立ち直って、事務職に転身すべくその春、職業訓練校に入学し、簿記、パソコン、社会保険手続きなどのスキルを身につける約一ヶ月のビジネスコースで学んだ。この経過は家族には打ち明けられなかったけれども、テルはこのような心身の試練を経て、ついに〇六年春には、ある私立大学で一年更新の嘱託事務職員としてふたたび働きはじめる……。

はじめて人前で語る機会を与えられたこと、そして「これまで知らなかったいろいろな考え方にふれることができた」ことに謝意さえあらわして語り終えた、仕事に前向きに取り組む若者パネラーたちだった。燃えつきるな、使い捨てられるな。会場では言えなかったそんなメッセージを心のなかでくりかえす。

# 参考文献

・新聞、ヒアリング記録は省略。
・本文に示されなかった示唆的な参考文献もいくらかふくむ。
浅川和幸／上山浩次郎『高卒就職の変化と進路指導』（調査報告書）、二〇〇四年。

伊藤正純「高卒者の三つの進路―進学・就職・無業―」『QUEST』一三号、二〇〇一年。

乾彰夫「若者たちの労働市場のいま」（竹内常一、高生研編『揺らぐ〈学校から仕事へ〉』青木書店）、二〇〇二年。

埋橋孝文「福祉国家戦略と社会保障制度の再設計」（社会政策学会編『「福祉国家」の射程』ミネルヴァ書房）二〇〇一年。

――「福祉と就労をめぐる社会政策の国際的動向」（社会政策学会報告論文）二〇〇五年一〇月。

大石徹「〝マック仕事〟の日本」『職場の人権』三七号、二〇〇五年一一月。

小関智弘『働くことは生きること』講談社現代新書、二〇〇二年。

刈谷剛彦『学校・職業・選抜の社会学』東京大学出版会、一九九一年。

川人博『過労自殺』岩波新書、一九九八年。

金融広報中央委員会『平成一六年版 暮らしと金融 なんでもデータ』二〇〇四年。

熊沢誠『働き者たち泣き笑顔―現代日本の労働・教育・経済社会システム―』有斐閣、一九九三年。

――『能力主義と企業社会』岩波新書、一九九七年。

――「就職の現実―これからの職業教育論序説―」『岩波講座 現代の教育 一二巻 世界の教育改革』岩波書店、一九九八年。

――『女性労働と企業社会』岩波新書、二〇〇〇年。

――「教室と職場―日本的能力主義と進路・職業教育―」『進路教育』一五一号、二〇〇一年。

――『リストラとワークシェアリング』岩波新書、二〇〇三年。

――「労働組合運動の甦りのために」『職場の人権』一五号、二〇〇二年三月。

――「若者の就業と職場」同右、二三号、二〇〇三年七月。

――「階層化にゆらぐ労働者イメージ」同右、三三号、二〇〇五年三月。

――「階層化にゆらぐ労働者イメージ」『現代の理論』一号、二〇〇五年。

――「『人材さん』とよばれる使い捨て労働者たち」『自然と人間』一〇〇五年五月。

経済同友会『若者が自立できる日本へ』（冊子）二〇〇三年四月。

玄田有史『仕事のなかの曖昧な不安』中央公論新社、二〇〇一年。

厚生労働省『平成一一年 就業形態の多様化に関する総合実態調査』二〇〇二年。

――『平成一六年版 労働統計要覧』二〇〇五年①。

――『平成一六年版 労働経済白書』二〇〇四年。

――『平成一七年版 労働経済白書』二〇〇五年②。

――『平成一六年版 女性労働白書』二〇〇五年③。

斉藤貴男『機会不平等』文芸春秋社、二〇〇〇年。

自治労大阪公共サービスユニオン第6回総会資料、二〇〇五年一〇月。

島田満「ファミリーレストランの職場体験」『職場の人権』一〇号、二〇〇一年五月。

杉田俊介『フリーターにとって「自由」とは何か』人文書院、二〇〇五年。

小杉礼子編『フリーターとニート』勁草書房、二〇〇五年。

Stuart Tannock: *Youth at Work*, Temple University Press, 2001（スチュアート・タノック著／大石徹訳『使い捨てられる若者たち』岩波書店、二〇〇六年刊）。

総務省『平成一四年 就業構造基本調査』二〇〇四年①。

――『平成一五年 家計調査報告（貯蓄・負債篇）』二〇〇四年②。

――『平成一六年 労働力調査年報』二〇〇五年、および同調査各年版。

竹内洋『日本のメリトクラシー』東京大学出版会、一九九五年。

橘木俊詔『日本の経済格差』岩波新書、一九九八年。

――『家計からみた日本経済』岩波新書、二〇〇四年。

電機連合『電機産業の雇用構造に関する調査』二〇〇一年。

独立行政法人国立女性教育会館『男女共同参画統計データブック』二〇〇三年。

内閣府『平成一七年版 青少年白書』二〇〇五年①。

――『時の動き』二〇〇五年七月②。

日本経営者団体連盟（日経連）『新時代の「日本的経営」』（冊子）一九九五年。

「パネルディスカッション・若者たちの働き方・生き方を考える」『職場の人権』三一号、二〇〇四年一一月。

樋口明彦「現代社会における社会的排除のメカニズム」『社会学評論』五五㈠、二〇〇三年。

――「働かない？　働けない？　引きこもる若者達と就労支援」『職場の人権』三一号、二〇〇四年一一月。

平塚真樹（ほか二氏）「シンポジウム 青年の働く道をどう拓くか」（全国進路指導研究会『進路教育』一五六号）二〇〇三年冬季。

部落解放・人権研究所編（西田芳正ほか執筆）『排除される若者たち―フリーターと不平等の再生産―』解放出版社、二〇〇五年。

本田由紀『若者と仕事』東京大学出版会、二〇〇五年。

ポール・ウィリス『ハマータウンの野郎ども』熊沢誠／山田潤訳、ちくま学芸文庫、一九九六年。

三谷直紀「若年労働市場の構造変化と雇用政策」『日本労働研究雑誌』四九〇号、二〇〇一年。

三山雅子「日本における労働力の重層化とジェンダー」『大原社会問題研究所雑誌』五三六号、二〇〇三年。

耳塚寛明「揺れる学校の機能と職業社会への移行」（社会政策学会編『若者―長期化する移行期と社会政策―』法

律文化社）二〇〇五年。

宮本みち子『若者が「社会的弱者」に転落する』洋泉社新書、二〇〇二年。

――「長期化する移行期の実態と移行政策」（社会政策学会編、前掲書）二〇〇五年。

村上龍『13歳のハローワーク』幻冬舎、二〇〇三年。

モブ・ノリオ『介護入門』文芸春秋社、二〇〇四年。

文部科学省『平成一三年版 学校基本調査』二〇〇四年。

泰山義雄／上田育子「広がる『雇用不安』に対処するために―ユニオン運動の現状と課題―」『職場の人権』一七号、二〇〇二年七月。

山田昌弘『希望格差社会』筑摩書房、二〇〇四年。

労働政策研究・研修機構（JIL-PT）『諸外国の若者就業支援政策の展開―イギリスとスウェーデンを中心に―』（資料シリーズ一三一号）二〇〇三年。

――『若者就業支援の現状と課題』（労働政策研究報告書三五号）二〇〇五年①。

――『日本の長時間労働・不払い労働時間の実態と実証分析』（労働政策研究報告書二二号）二〇〇五年②。

――『データブック 国際労働比較二〇〇五』二〇〇五年③。

〈著者紹介〉

熊沢　誠（くまざわ・まこと）

1938年　三重県に生まれる。
1961年　京都大学経済学部卒業。
1969年　京都大学経済学博士。
現　在　甲南大学名誉教授。研究会「職場の人権」代表。
著　書　『産業史における労働組合機能』（ミネルヴァ書房，1970年）。
『寡占体制と労働組合』（新評論，1970年）。
『労働のなかの復権』（三一書房，1972年）。
『国家のなかの国家』（日本評論社，1976年）。
『ノンエリートの自立』（有斐閣，1981年）。
『日本的経営の明暗』（筑摩書房，1989年）。
『新編 日本の労働者像』（筑摩書房，1993年）。
『能力主義と企業社会』（岩波書店，1997年）。
『女性労働と企業社会』（岩波書店，2000年）。
『リストラとワークシェアリング』（岩波書店，2003年）。
ほか

若者が働くとき
――「使い捨てられ」も「燃えつき」もせず――

2006年2月20日　初版第1刷発行　　検印廃止
2018年5月30日　初版第8刷発行

定価はカバーに
表示しています

著　者　熊　沢　　誠
発行者　杉　田　啓　三
印刷者　坂　本　喜　杏

発行所　株式会社ミネルヴァ書房
607-8494 京都市山科区日ノ岡堤谷町1
電話代表（075）581-5191番
振替口座 01020-0-8076番


冨山房インターナショナル・新生製本

ISBN 978-4-623-04593-8
Printed in Japan